GUIDE GÉNÉRAL

DES

ÉTRANGERS ET DES VOYAGEURS

À

L'EXPOSITION UNIVERSELLE

DE

PARIS

1889

GUIDE GÉNÉRAL

DES

ÉTRANGERS ET VOYAGEURS

A

A l'Exposition Universelle 1889

1

JANVIER

1 s. Circoncis. P.Q.
2 D s. Clair.
3 l ste Geneviève.
4 m ste Clémence.
5 m ste Amélie.
6 j Épiphanie.
7 v s. Lucien.
8 s s. Apollin.
9 D Noces. P.L.
10 l s. Pierre.
11 m s. Hilaire.
12 m s. Paul.
13 j s. Alfred.
14 v s. Félix.
15 s s. Maur. D.Q.
16 D s. Bapt.-J.-C.
17 l s. Antoine.
18 m Ch. S. P. R.
19 m s. Sulpice.
20 j s. Sébast.
21 v ste Agnès.
22 s s. Vincent. N.L.
23 D s. Ildefonse.
24 l s. Babylas.
25 m C. s. Paul.N.L.
26 m s. Polycarpe.
27 j ste Paule.
28 v s. Charlem.
29 s s. Fr. de S.
30 D ste Bathilde.
31 l ste Marcel.

FÉVRIER

1 m ste Brigide. P.Q.
2 m Purification.
3 j s. Blaise.
4 v ste Jeanne.
5 s ste Agathe.
6 D Septuagés.
7 l s. Romuald.
8 m s. Jean de M.P.L.
9 m ste Apolline.
10 j ste Scholastiq.
11 v s. Séverin.
12 s ste Eulalie.
13 D Sexagésime.
14 l s. Valentin. D.Q.
15 m s. Faustin.
16 m Cendres.
17 j ste Isabelle.N.L.
18 v s. Siméon.
19 s s. Gabin.
20 D Quinquag.
21 l s. Séverien.
22 m ste Isabelle.N.L.
23 m s. Damien.
24 j s. Mathias. P.Q.
25 v ste Walburge.
26 s s. Nestor.
27 D Quadragés.
28 l ss. M.-rt. d'A.

MARS

1 m s. Aubin.
2 m IV. Temps.
3 j ste Cunég. P.Q.
4 v s. Théophile.
5 s s. Adrien.
6 D Reminiscere.
7 l ste Félicité.
8 m s. Jean de Dieu.
9 m ste Françoise.P.L.
10 j s. Blanchard.
11 v s. Euloge.
12 s s. Grégoire.D.Q.
13 D Oculi.
14 l ste Mathilde.
15 m s. Zacharie.
16 m ste Eusèbe. D.Q.
17 j ste Gertrude.
18 v s. Cyrille.
19 s s. Joseph.
20 D Lætare.
21 l s. Benoît.
22 m s. Hugues.
23 m s. Théodore.
24 j s. Gabriel.N.L.
25 v Annonciation.
26 s s. Ludger.
27 D Passion.
28 l s. Gontran.
29 m s. Eustase.
30 m s. Rieule.
31 j s. Pasteur.

AVRIL

1 v s. Richard. P.Q.
2 s s. Isidore.
3 D Rameaux.
4 l s. Ambroise.
5 m s. Vincent Fer.
6 m s. Célestin.
7 j s. Clotaire.
8 v Vendr.-Saint.P.L.
9 s ste Godeberte.
10 D PÂQUES.
11 l s. Léon, p.
12 m s. Jules.
13 m s. Justin.
14 j s. Tiburce.
15 v s. Paterne.D.Q.
16 s s. Fructueux.
17 D Pâtial.
18 l s. Parfait.
19 m s. Léon.
20 m ste Théodine.
21 j s. Anselme.
22 v ste Opport.
23 s s. Georges.N.L.
24 D Quadrat.N.L.
25 l s. Marc, év.
26 m s. Guillaume ab.
27 m s. Frédéric.
28 j s. Vital.
29 v s. Jacq. s. P.
30 s s. Athanase.P.Q.

MAI

1 D ste Monique.
2 l s. Athanase.
3 m Inv. S. Croix.
4 m ste Monique.
5 j Tr.S. Augustin.
6 v ste Prudentienne.
7 s Tr.S. Nic.
8 D s. Désiré.P. L.
9 l s. Grégoire de N
10 m s. Antonin.
11 m s. Mamert.
12 j s. Pancrace.
13 v s. Servais. P. L.
14 s s. Pacôme. D.Q.
15 D s. Isidore.
16 l s. Honoré.
17 m Rogations.
18 m s. Venance.
19 j ste Pudentienne.
20 v s. Bernardin.
21 s Hospice.
22 D ASCENSION.
23 l s. Didier.
24 m s. Donatien.
25 m s. Urbain.
26 j s. Philippe.N.L.
27 v s. Bède.
28 s s. Germain.
29 D s. Maximin.
30 l s. Félix. P.Q.
31 m s. Sylve.

JUIN

1 m IV Temps.
2 j s. Marcellin.
3 v ste Clotilde.
4 s s. Quirin. P.L.
5 D Trinité.
6 l s. Norbert.
7 m ste Valérie.
8 m s. Médard.
9 j Fête-Dieu.
10 v ste Marguerite.
11 s s. Barnabé.D.Q.
12 D s. Basilide.
13 l s. Ant. de P.
14 m s. Olympe.
15 m ste Modeste.
16 j s. Cyr et J.
17 v s. Avit.
18 s s. Ferguand.
19 D s. Romuald.
20 l s. Sylvère.
21 m s. Leufroi.
22 m s. Paulin.
23 j s. Prosper.
24 v s. Jean-Bapt.
25 s s. Guillaume.
26 D ss. Jean et P.
27 l s. Crescent.
28 m s. Irénée.
29 m s. Pierre et Paul.
30 j s. Léon II.

JUILLET

1 v s. Rémi.
2 s ste Bien.ss. Anges. P.L.
3 D s. Anatole.
4 l s. Théod.
5 m ste Zoé. P.L.
6 m ste Tranquille.
7 j s. Trad.-C.
8 v ste Auberge.
9 s s. Procope.
10 D ste Félicité. D.Q.
11 l s. Benoît.
12 m s. Gualbert.
13 m s. Eugène. D.Q.
14 j FÊTE NATIONALE
15 v s. Henri.
16 s s. Eustache.
17 D s. Alexis.
18 l s. Camille.
19 m s. V. de P.
20 m ste Marg. N.L.
21 j s. Victor.
22 v ste Madeleine.
23 s s. Apollinaire.
24 D ste Christine.
25 l s. Jacques.
26 m ste Anne. P.Q.
27 m s. Pantaléon.
28 j s. Nazaire.
29 v ste Marthe.
30 s s. Abdon.
31 D s. Germ.l'A.

AOUT

1 l s. Pierre ès l.
2 m ste Félicité. D.Q.
3 m Inv. s. Étienne.
4 j s. Dominique.
5 v N.-D. des N.
6 s Transfig.
7 D s. Gaëtan.
8 l s. Justin.
9 m s. Amour.
10 m s. Laurent.
11 j ste Suzan. D.Q.
12 v ste Claire.
13 s s. Hippolyte.
14 D s. Eusèbe.
15 l ASSOMPTION.
16 m s. Roch.
17 m s. Mammès.
18 j ste Hélène. N.L.
19 v s. Louis, év.N.L.
20 s s. Bernard.
21 D s. Privat.
22 l s. Symphor.
23 m s. Sidoine.
24 m s. Barthélemy.
25 j s. Louis.r.P.Q.
26 v s. Zéphirin.
27 s s. Césaire.
28 D s. Augustin.
29 l s. J.-B.
30 m ste Rose.
31 m s. Raymond.

SEPTEMBRE

1 j s. Leu. s. Gilles.
2 v ste Julienne.
3 s ste Géorie. P.L.
4 D ste Rosalie.
5 l s. Bertin.
6 m s. Onésime.
7 m Nat. N.-D.
8 j Nat.N.D.
9 v s. Omer. D.Q.
10 s ste Pulchérie.D.Q
11 D s. Hyacinthe.
12 l s. Raphaël.
13 m s. Maurille.
14 m Ex. S. Croix.
15 j s. Nicomède.
16 v ste Lucie. N.L.
17 s s. Lambert.
18 D ste Sophie.
19 l s. Janvier.
20 m Sig. des F. N.L.
21 m s. Matthieu.
22 j s. Maurice.
23 v ste Thècle.
24 s s. Andoche. P.Q.
25 D s. Firmin.
26 l ss. Cyp. et J.
27 m ss. Côme.
28 m s. Céran.
29 j s. Michel.
30 v s. Jérôme.

OCTOBRE

1 s s. Rémi.
2 D ss. Anges g.P.L.
3 l s. Denis.
4 m s. François.
5 m s. Placide.
6 j s. Bruno.
7 v s. Serge.
8 s ste Brigitte.
9 D s. Denis.D.Q.
10 l s. Ghislain.
11 m ste Thérèse.
12 m s. Wilfrid.
13 j s. Édouard.
14 v s. Calixte.
15 s ste Thérèse.
16 D s. Gall. N.L.
17 l ste Hedwige.
18 m s. Luc, év.
19 m s. Savinien.
20 j ste Caprais.
21 v ste Ursule.
22 s ste Marie-Sal.
23 D s. Hilarion.P.Q
24 l s. Magloire.
25 m s. Crép. s. C.
26 m s. Rustique.
27 j s. Frum.
28 v s. Simon s. Jud.
29 s ste Sosthène.
30 D s. Lucain.P.L.
31 l s. Quentin.P.L.

NOVEMBRE

1 m TOUSSAINT.
2 m Trépassés.
3 j s. Marcel.
4 v s. Charles B.
5 s s. Zacharie.
6 D s. Léonard.
7 l s. Ernest.
8 m ss. Relig. D.Q.
9 m s. Mathurin.
10 j s. Just.
11 v s. Martin.
12 s s. René.
13 D s. Brice.
14 l s. Bertrand.
15 m ste Eugénie.N.L.
16 m ste Marguerite.
17 j s. Aignan.
18 v ste Aude.
19 s ste Élisabeth.
20 D s. Edmond.
21 l Présent. N. D.
22 m ste Cécile. P.Q.
23 m s. Clément.
24 j s. Séverin.
25 v ste Catherine.
26 s s. Conrad.
27 D Avent.
28 l s. Sosthène.
29 m s. Saturnin.
30 m s. André. P.L.

DÉCEMBRE

1 j s. Éloi.
2 v ste Bibiane.
3 s s. Éloque.
4 D ste Barbe.
5 l s. Sabas.
6 m s. Nicolas.
7 m ste Fare.
8 j Imm. Concep.DQ
9 v ste Nicaise.
10 s ste Valère.
11 D s. Daniel.
12 l s. Valeri.
13 m ste Lucie.
14 m IV Temps. N.L.
15 j ste Nicasie.
16 v ste Adélaïde.
17 s ste Olympe.
18 D s. Gatien.
19 l s. Nemèse.
20 m s. Philogone.
21 m s. Thomas.
22 j s. Honorat.P.Q
23 v ste Victoire.
24 s ste Delphine.
25 D NOEL.
26 l s. Étienne.
27 m s. Jean.
28 m ss. Innoc.
29 j s. Troph.
30 v s. Sabin. P.L.
31 s s. Silvestre.

GUIDE GÉNÉRAL

DES

ÉTRANGERS & VOYAGEURS

A

l'Exposition Universelle
1889

PARAISSANT

TOUS LES TROIS MOIS

Ce Guide sera distribué gratuitement et contiendra tous les renseignements utiles aux Étrangers, tant pour se rendre en France, que pour visiter Paris et l'Exposition.

ADRESSER LES LETTRES ET COMMUNICATIONS
à la Direction
9, CITÉ D'HAUTEVILLE, 9
PARIS

GUIDE GÉNÉRAL

DES

ÉTRANGERS ET VOYAGEURS

A

L'EXPOSITION UNIVERSELLE
1889

NOTICE

L'apparition de notre guide semblerait préma turée, si nous ne nous empressions de déclarer que notre publication, spécialement destinée à l'Etranger doit, pour obtenir une utilité certaine, être répandue dès maintenant par un fort tirage et de nombreuses éditions.

Nous espérons arriver à la realisation de notre but en adoptant un format facile à emporter et surtout à garder, tant par sa commodité que par l'utilité des renseignements qu'il renferme.

Nous croyons avoir assuré les moyens de faire parvenir notre brochure dans les principaux centres de l'Etranger en obtenant le concours bienveillant des principales Compagnies de steamers et de transports. De plus, notre Guide sera adressé à tous les Consulats de France. Enfin, les principaux commissionnaires nous ont donné l'autorisation de déposer nos exemplaires dans leurs maisons et comptoirs à l'Etranger.

Si nous ajoutons que notre publication, tirée à 20 ou 30,000 exemplaires par an en quatre éditions, sera distribuée gratuitement, nous pensons avoir réussi à faire une œuvre utile pour l'Industrie et le Commerce français.

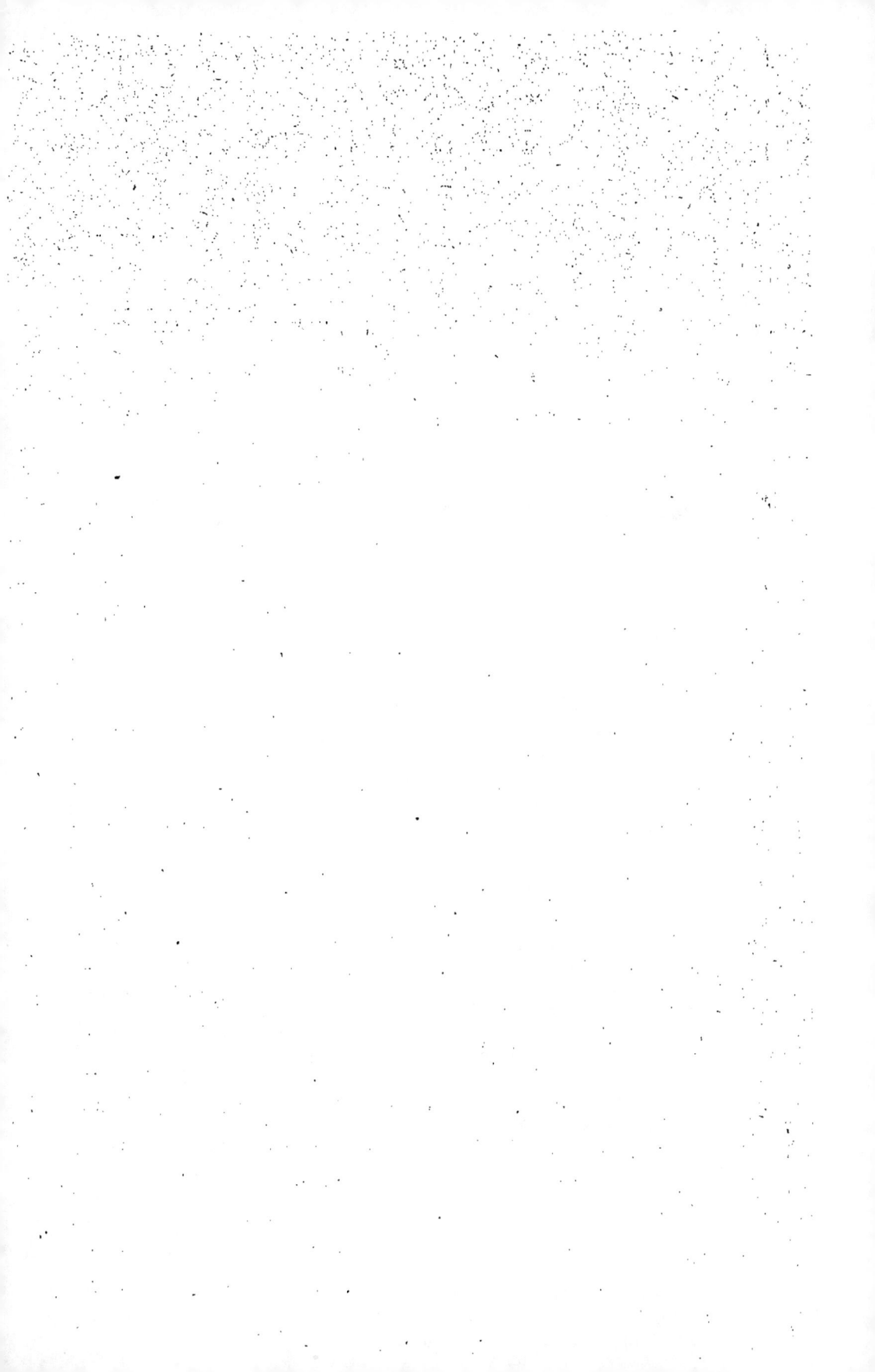

NOTE

SUR

l'Exposition Universelle de 1889

Sur un rapport du Ministre du Commerce en date du 8 Novembre 1884 le Président de la République décrétait une Exposition Universelle Internationale devant être ouverte le 5 mai 1889 et fermée le 31 octobre de la même année. Un second décret instituait une Commission chargée d'étudier et de rechercher les moyens propres à réaliser le projet d une Exposition Internationale en 1889. Pour remplir ce but il était nécessaire de se livrer à des études préparatoires et le 1er août 1885 un crédit de cent mille francs était ouvert à ce sujet au Ministère du Commerce.

Le 3 avril 1886 le gouvernement adoptait une solution définitive écartant la combinaison qui confiait l'organisation de l'Exposition à l'initiative privée il se décidait pour le système de l'organisation par l'Etat avec le concours d'une société de garantie — système de 1867 qui semblait concilier les avantages des deux combinaisons de cette façon l'Etat garderait la haute main sur la direction de l'Exposition, la Ville aurait sa part de surveillance, la Société de Garantie ne perdrait pas de vue ses capitaux —

Enfin le 26 mai 1886 la Commission constituée par arrêté ministériel du 21 mai 1886, pour examiner et juger les 107 projets et plans de première vue de l'Exposition se réunissait et retenait 18 projets sur lesquels 12 ont été choisis et primés.

Jusque là l'Exposition n'existait pour ainsi dire qu'au point de vue théorique. Sous l'impulsion de M. Lockroy, ministre du Commerce, nous entrons dans une période active et les réglements généraux et particuliers se succèdent et fixent d'une façon définitive les bases de l'Exposition.

Le 26 août 1886 un arrêté ministériel détermine :

1º L'emplacement à occuper sur la rive droite et sur la rive gauche.

2º L'organisation générale.

3º L'admission et le classement des Produits.

4º Les dispositins spéciales aux œuvres d'art.

5º Les dispositions spéciales aux produits de l'agriculture et du commerce.

Les trois directeurs généraux sont nommés ainsi que les 300 membres composant le grand conseil de l Exposition dans lequel figure la Commission de contrôle et des Finances, dite Commission des 43. comprenant les membres représentant l'Etat, le Conseil Municipal, l'Association de Garantie.

Quoique jusqu'à ce jour les travailleurs n'aient pas encore remué le sol du champ de mars et que des sondages seuls aient été opérés on peut dire cependant que les travaux ont commencé. Avant de se livrer aux terrassements et à la construction de grosses œuvres il faut qu'un certain temps s'écoule pour que les Directions organisent leurs différents services, et préparent les diffférentes adjudications auxquelles doit donner lieu l'Exposition. Déjà le 4 décembre dernier s'est effectuée l'adjudication des fermes métalliques. C'est le vrai commencement des travaux car c'est le point de départ de toutes les adjudications qui vont suivre et ce point de départ n'est pas sans importance si l'on pense que l'on a adjugé ensemble 278 travées de 25 mètres sur 8,33 représentant environ 5,150 tonnes de fer et devant couvrir un espace de 64,500 mètres carrés.

Bientôt aura lieu l'adjudication de la charpente pour la salle des machines, cette salle de 410 m. de long sur 110 de large, soit une surface de 45,100 m.. sera unique au monde.

Les autres services, celui de l Exploitation confié à M. Berger, celui de la Comptabilité sous la direction de M. Grison, sont en pleine activité et nous pouvons remettre notre confiance car ces deux habiles Directeurs, qui avec l'aide de M. Alphand nous sont de sûrs garants que tont sera prêt en temps et heure.

Nous continuerons à insérer tout ce qui concernera les travaux au fur et à mesure de leur avancement, nous ferons en sorte que notre guide suive l'Exposition dans tous ses progrès. On la verra grandir et s'élever peu à peu jusqu'au jour où aura lieu l'inauguration.

ORGANISATION

DE

L'EXPOSITION

M. le **MINISTRE DU COMMERCE ET DE L'INDUSTRIE**
Commissaire général.

Directeurs Généraux :

MM. ALPHAND, directeur général des travaux.
G. BERGER,   —   de l'Exposition.
GRISON,   —   des finances.

Ces trois Directeurs, nommés par arrêté du 28 juillet 1886, forment le Conseil des Directeurs.

Grand Conseil de l'Exposition :

Le règlement général de l'Exposition établi par arrêté ministériel du 26 août 1886, institue, par l'art. 3, auprès du Ministre du Commerce et de l'industrie, commissaire général de l'Exposition, une Commission consultative de 300 membres, dénommée grand Conseil de l'Exposition universelle de 1889.

Commission de Contrôle et des Finances :

Ce grand Conseil est subdivisé en vingt-deux Commissions. parmi lesquelles figure la Commission de contrôle et de finance, Commission dite des Quarante-Trois, nommée par décret du 14 août 1886.

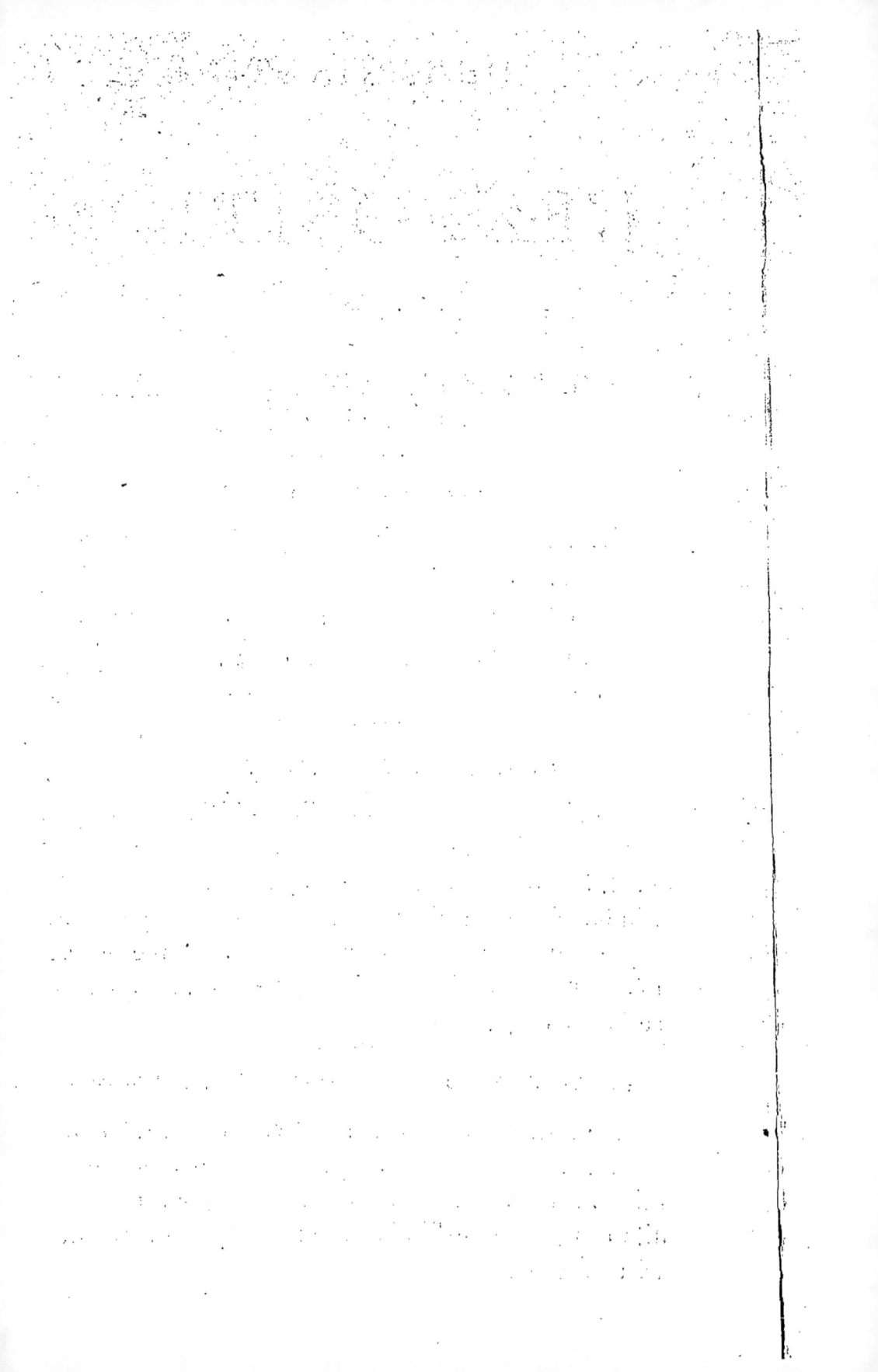

SOCIÉTÉ DE GARANTIE

SOUSCRIPTION DU CAPITAL

Le 3 avril 1886 le gouvernement adoptait définitivement l'organisation de l'Exposition universelle internationale de 1889 par l'Etat qui assumait la responsabilité de l'entreprise avec le concours d'une Société de Garantie. Ce qui avait eu lieu en 1867 sur la proposition de M. Rouher.

La loi du 6 juillet 1886 fixait d'une façon certaine l'objet de cette Société de garantie son rôle et son organisation.

Les fonds de cette Société de garantie étaient limités à 43 millions et étaient fournis :

1° par l'Etat pour 17 millions.

2° par la Ville pour 8 millions.

3° par l'Association de garantie pour 18 millions.

Cette Association garantit ferme à l'Etat dix millions de recettes, elle renonce à ses bénéfices dès que ses capitaux seront remboursés dans le cas où les dépenses viendraient à dépasser les prévisions. L'administration de cette Société de garantie est confiée à une commission spéciale dite de contrôle et des finances.

Cette Commission choisie par le ministre parmi la commission générale de l'Exposition est composée de membres représentant l'Etat, la Ville de Paris, l'Association de garantie dans la proportion de leur contribution c'est-à-dire : Dix sept sénateurs, députés ou agents de l'Etat, huit conseillers municipaux et dix-huit souscripteurs au capital de garantie, chaque commissaire devant représenter un million. Cette commission partage avec l'Etat et le Conseil Municipal le droit d'être consultée par le Ministre sur toutes les questions intéressant la gestion financière de l'Exposition et il ne peut être passé outre à son avis toutes les fois qu'il s'agit de questions concernant les recettes de toute nature à percevoir à l'occasion de l'Exposition. Il est expressèment stipulé que les subventions de l'Etat et de la Ville de Paris, ensemble 25 millions seront d'abord employés aux dépenses de l'Ex-

position et qu'il ne sera fait appel aux 18 millions de l'Association de garantie qu'après épuisement des 25 millions.

Si l'Association de garantie doit rentrer dans son capital, par le produit des entrées et les redevances diverses, l'État et la Ville de Paris comptent l'un sur la circulation immense à laquelle donnera lieu l'Exposition et par la surproduction des impots indirects, l'autre sur la plus value sur les droits d'octroi pour rentrer en grande partie dans leur souscription Les évaluations de recettes et de dépenses établies par la Commission préparatoire font ressortir que le total des dépenses ne doit pas dépasser le chiffre de 43 millions décomposé de la façon suivante :

A. Construction du Palais du Champ-de-Mars, aménagement des diverses galeries service central de l'Exposition................... 36.185.000

B. Bâtiments nouveaux à l'Exposition...... 2.600.000

C. Organisation des Expositions de peinture et de sculpture — Disposition d'une nef pour la distribution des récompenses............... 1.215.000

D. Dépenses imprévues.................... 3.000.000

Total... 43.000.000

Dans le calcul de recette probable de 18 millions il n'est tenu aucun compte du produit de la location des emplacements aux Exposants, le Ministre ayant déclaré que cette mesure lui semblait de nature à compromettre le résultat de l'Exposition. Les Exposants n'auront donc à leur charge que les frais d'installation. Ces différentes considérations ont eu l'assentiment de la plupart des grands négociants, car dès le 9 septembre le Journal officiel enregistre les noms des souscripteurs et le montant de leur souscriptions, les listes se suivent allant grossissant le capital, enfin le 27 novembre la dernière liste enregistre un total général de 22,696,000.

Nous publions plus loin les Détails de ces souscriptions nous bornant — à notre grand regret — à enregistrer les plus grosses sommes, la place nous faisant défaut pour donner in extenso le nom de tous les souscripteurs.

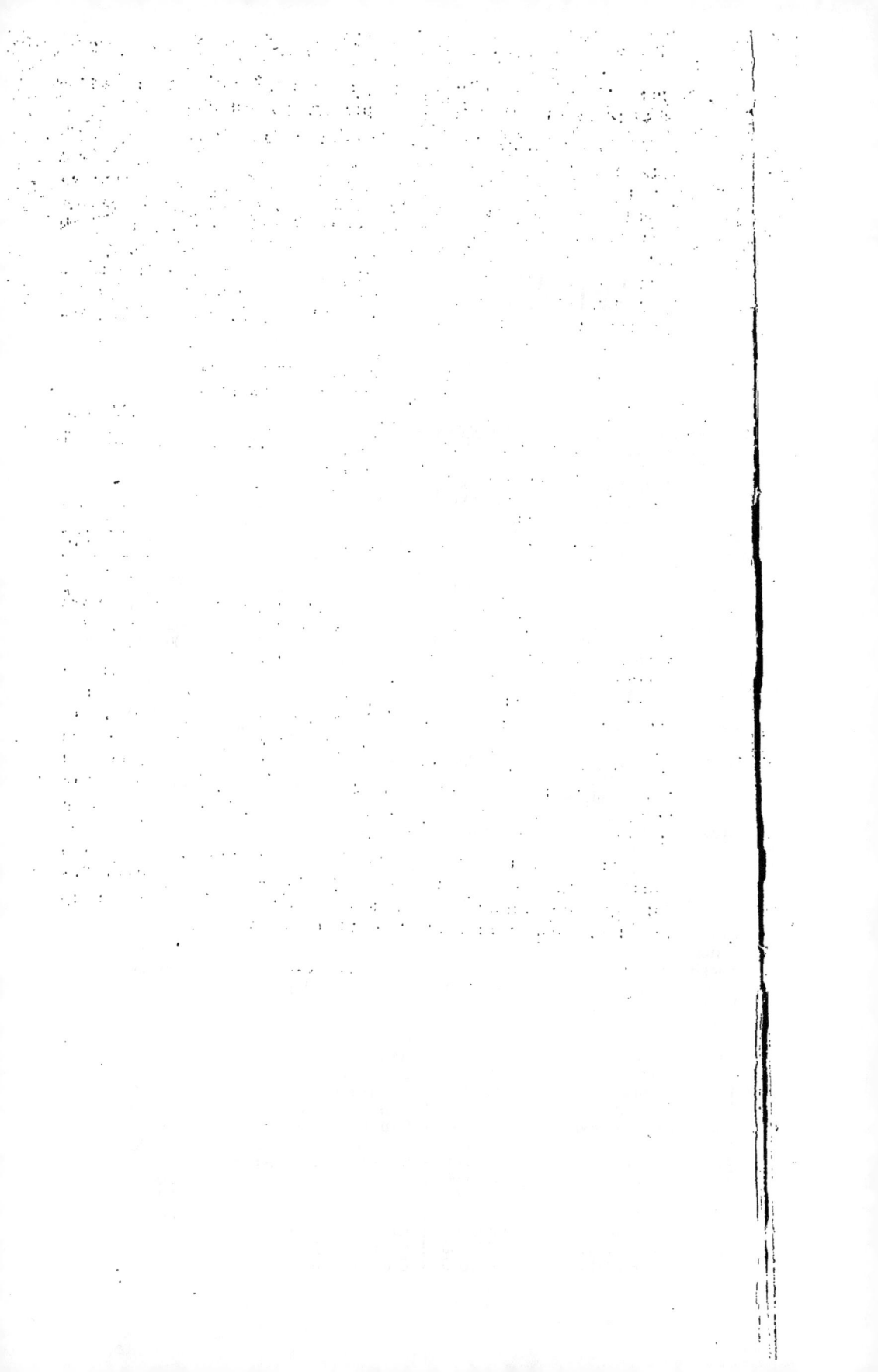

CAPITAL DE GARANTIE

Banque de France...	500.000	Société générale....	300.000
— d'escompte....	600.000	Société Jaluzot Prin-	
— de Paris et des		temps	250.000
Pays-Bas ...	300.000	Sté parisienne crédit.	300.000
— parisienne	300.000	Sté marseillaise crédit	100.000
— fᵒ égyptienne..	100.000	Syndicat des agents	
Mag. du Bon Marché .	500.000	de change........	300.000
Cahen d'Anvers.....	100.000	Cail et Cie.........	100.000
Chambre de commerce		Cie ch. de fer Est....	500.000
de Paris...........	100.000	— Nord ...	500.000
Membres Chambre de		— Orléans.	500.000
commerce de Paris.	105.000	— Ouest ..	500.000
Chambre synd. indus-		— P. L. M.	500.000
trielle des bâtiments	150.000	Cie La Foncière in-	
Chambre syndicale de		cendie	100.000
tissus et matières		— vie .	100.000
textiles	135.000	Cie des transports...	100.000
Crédit industriel com-		Banque escompte de	
mercial	300.000	Paris.............	200.000
Crédit lyonnais......	300.000	Banque commerciale	
Cie Générale voitures.	200.000	industrielle	100.000
Comptoir d'escompte.	300.000	Cie du chemin de fer	
Crédit agricole.....	100.000	du Midi..........	100.000
Crédit mobilier......	150.000	Gruber et Cie......	100.000
Cie parisienne éclai-		Cie de Fives-Lille...	100.000
rage gaz	200.000	Dreyfus Auguste....	100.000
Cie générale trans-		Rotschild frères.....	300.000
atlantique........	100.000	Cie anonyme forges	
Crédit foncier France	600.000	Chatillon	100.000
Service du Crédit		Schneder et Cie.....	150.000
foncier	408.000	Ternynck..........	100.000
Société dépôt et comp-		E. Lockroy........	50.000
tes courants......	300.000	A. Christophe......	50.000
Entrepôts et maga-		Banque de Constan-	
sins généraux.....	100.000	tinople..........	50.000
Halphen Georges....	100.000	Barbedienne 1ʳᵉ liste.	40.000
Hauts-fourneaux St-		Banque maritime....	50.000
Chamond	100.000	Caisse générale de l'é-	
Heine Michel.......	100.000	pargne............	50.000
Lavoignat Joseph ...	100.000	Chabrières Arles....	50.000
Magasins du Louvre.	500.000	Camondo et Cie.....	25.000
Hôtel du Louvre.....	100.000	Chaix.............	25.000
Marinoni	100.000	Crédit foncier Algé-	
Menier	150.000	rien	50.000
Messageries maritim.	100.000	Christophe.........	50.000
Société des immeu-		Combier	50.000
bles de France....	600.000	Cie de l'Urbaine	50.000
Riondet	100.000	Comptoir d'avances..	50.000
Potin veuve Félix ...	100.000	Cie générale des eaux	50.000

CAPITAL DE GARANTIE. (Suite).

Darblay père et fils..	50.000	Entrepôts, magasins	
Veuve Desgenetiers .	50.000	généraux	30.000
Deusch et ses fils...	50.000	Claude Lafontaine et	
Forges et chantiers		Cie	25.000
de la Méditerranée.	50.000	Clerc	20.000
Fanien..............	50.000	Cie algérienne	25.000
Favager et Cie......	50.000	Cie foncière de France	30.000
Fesjard.............	50.000	Chambre synd. d. vins	30.000
De Germiny	50.000	Ducret.............	20.000
Grand Hôtel	60.000	Delalain	20.060
Groult Camille	50.000	Dupont, Paul	25.000
Kohn Reinach	50.000	Durieu	25.000
Labeyrie...........	40.000	Sté gle de dynamite.	20.000
Millet.............	50.000	Eiffel	25.000
Pereire Eugène	50.000	Farcot.............	20.000
De Potier..........	40.000	Guenot	20.000
Société constructions		Forges et ateliers de	
des Batignolles....	60.000	Saint-Denis	25.000
Société des ateliers et		Geneste, Herscher et	
chantiers de la Loire	50.000	Cie	25.000
Société française de		Guerlain aîné	20.000
pavage en bois....	50.000	De Guerle	20.000
Société générale des		Jacquot............	25.000
Téléphones	50.000	Lalou, Charles.....	25.000
De Soubeyran......	50.000	Laveissière et fils ...	25.000
Stern	50.000	Leroy, Louis.......	20.000
Tourreil	50.000	Leroy, Isid.-Charles.	20.900
Leclercq Soize	50.000	Levainville.........	25.000
Daniel Wilson	50.000	Martin, Métairie	25.000
Wial de Bastia.....	40.000	Marqloy...........	20.000
Hachette et Cie	45.000	Maïs..............	25.000
Rigaud et Chapotteau	50.000	Meyer, Emile......	20.000
André Girod et Cie .	50.000	Baron Haussmann ..	25.000
Schwartz Roubaix...	50.000	Osiris.............	20.000
Brasseries de Tanton-		Panckoucke........	25.000
ville	50.000	Perignon..........	25.000
Briandet...........	50.000	Picard, Arsène......	30.000
Cie du chemin de fer		Pinede	25.000
de Bone-Guelma..	50.000	Privat............ .	20.000
Cie des allumettes ...	50.000	Roquencourt.......	20.000
— des bateaux pari-		Sauterre Lemonnier	
siens	50.000	et Cie...........	20.000
Demachy Sellières ...	50.000	Seydoux Sieber et Cie	30.000
Mallet frères........	50.000	Sienkierwiez	25.000
Raffineries Say	50.000	Société de travaux et	
Abadie Egbert	50.000	constructions	25.000
Cie général Omnibus.	50.000	Swarte.............	25.000
Salvay et Cie.......	50.000	Teyssérenc de Bord.	20.000
Société industrielle		Tessandier.........	20.000
commer. de métaux	50.000	Verneuil...........	20.000
Société St-Gobain...	50.000	Bosch..............	25.000
Vernes et Cie.......	50.000	Chambre de commerce	
Georges Berger.....	25.000	de Lille	20.000
Belle Jardinière.....	25.000	Chambre de commerce	
Benda.............	25.000	de Lyon..........	25.000
Boulet et Cie.......	25.000	Chargeurs réunis....	25.000
Brun-Prelong	25.000	Hoskier et Cie	25.000
Bellier de Willancroy	20.000	Levy, Gabriel	25.000
Brun	20.000	Sté Française et Belge	20.000
Pateau	20.000	B. R. F............	25.000
Banque transatl	25.000	Chambre de commer	
Banque de Tunisie..	25.000	ce de Lille........	20.000
Chambre syndicale de		E. P***............	25.000
charcuterie	20.000	G ***.............	25.000
Clerc	25.000	Heutsch et Cie	30.000

CAPITAL DE GARANTIE (*Suite*).

Lorilleux............	25.000	Périer frères........	30.000
Plon et Cie.........	20.000	Magasins de la Sama-	
Poussielgue et Cie...	25.000	ritaine.............	20.000
Sté des travaux en fer	25.000	Dépôt, manufactures	
Tiébaut frères.......	25.000	glaces françaises ..	25.000
Cie métallurgique de		Fraissinet et Cie	25.000
Longwy..........	25.000	Société franco Belge	
Banque de fonds pu-		de constructions...	30.000
blics..............	25.000	Société Hauts-four-	
Belleville et Cie.....	25.000	neaux d'Anzin	25.000
Berger-Levrault Cie.	25.000	Sociélé centrale de	
Bretel frères........	25.000	Vaugirard	20.000
Chaize, Louis-Elisé..	25.000	Piver..............	20.000
Caignet et Cie.......	30.000	Viollet, parfumeur...	20.000
Edoux, Léon........	20.000	Divers.............	3.778.000
Lebrun et Cie.......	25.000	Sté anonyme Poirier.	25.000
Herbault............	20.000		
Hôtel continental....	25.000		
Permesel à Lyon....	25.000	TOTAL GÉNÉRAL...	22.696.000

LE PLAN DE L'EXPOSITION

Le palais du Trocadéro et ses annexes ne subissent aucune modification ; on pénètre, à droite et à gauche, par les deux entrées actuelles, qui sont surmontées par les deux tours du palais.

Sur toute l'étendue qui borde les bâtiments du Trocadéro, se trouvera comprise l'exposition d'horticulture (plantes, fleurs, etc.).

Les jardins, les cascades et les bassins sont conservés tels qu'ils existent actuellement, et des espaces sont indiqués pour diverses constructions, dont la destination n'est pas encore fixée, sauf une brasserie et un restaurant.

Perpendiculairement à l'entrée et jusqu'au quai de Billy, s'étendront deux lignes de mâts reliés par un immense *velum* pour fournir au public un passage couvert.

Immédiatement après le grand bassin du Trocadéro, se trouve l'exposition d'horticulture, bordée, à droite et à gauche, par des serres qui rempliront l'espace actuellement occupé par la partie du boulevard Delessert et de l'avenue d'Iéna enclavée dans l'Exposition.

A leurs extrémités figurent deux entrées : l'une sur le boulevard Delessert, l'autre sur l'avenue d'Iéna.

Les deux figures oblongues qui viennent ensuite représentent des massifs de fleurs ; à droite et à gauche d'abord le *velum*, puis les jardins du Trocadéro, bordés par la **rue de Magdebourg**, le quai de Billy, le quai de Passy et la **rue Le Nôtre**.

Deux passerelles seront établies au-dessus des quais de Billy et de Passy, laissés ouverts à la circulation et qui feront communiquer directement, sans sortir de l'Exposition, les jardins du Trocadéro avec le pont d'Iéna.

Sur le quai, on parviendra, par des degrés, à deux entrées accédant sur le pont d'Iéna.

Sur les quais de débarquement (rive droite), se trouveront les pompes hydrauliques.

Dans toute son étendue, le pont d'Iéna sera couvert d'un *velum* faisant suite à celui déjà indiqué.

Nous arrivons maintenant à la porte de l'Exposition, située sur la rive gauche de la Seine (Champ de Mars).

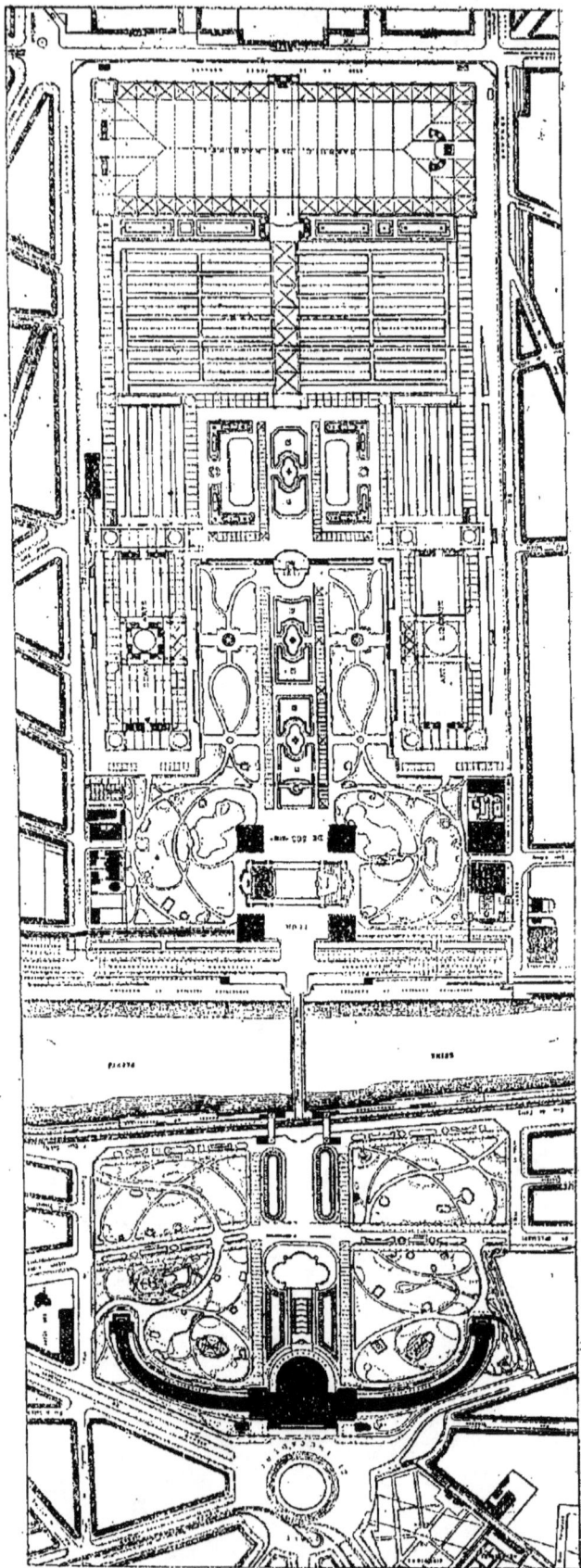

PLAN GÉNÉRAL DE L'EXPOSITION

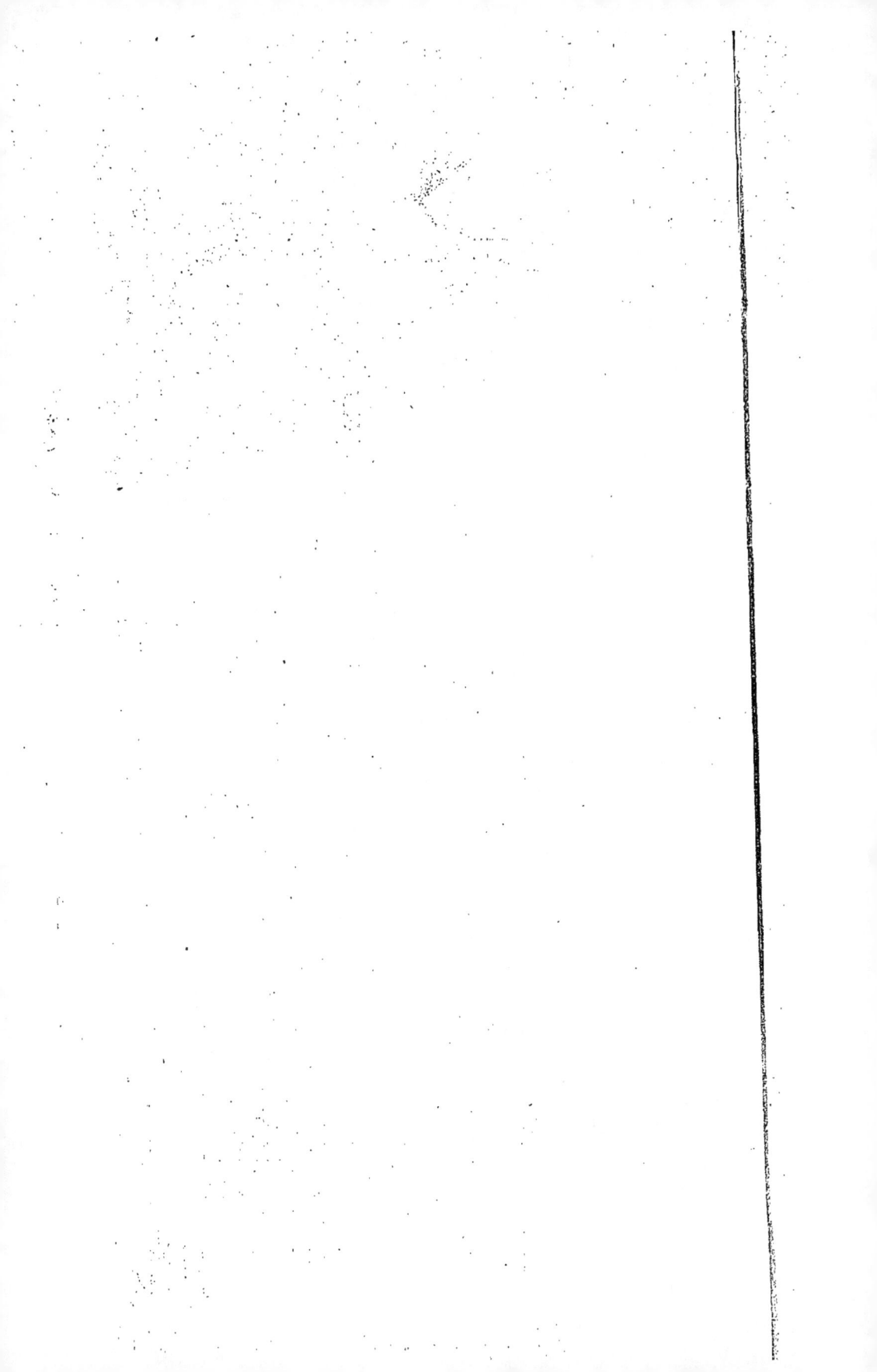

Sur les quais de débarquement, exposition fluviale et maritime.

Sur les quais, à droite et à gauche, aura lieu l'exposition d'agriculture qui, à gauche, se prolongera jusqu'au pont de l'Alma; elle sera bordée par une tranchée ouverte, reliant l'avenue de La Bourdonnaye à l'avenue de Suffren, pour la circulation publique en dehors de l'Exposition.

Nous rencontrons ensuite les quatre carrés hachurés, avec croix au milieu, qui figurent les quatre assises destinées à la tour Eiffel. Entre ces quatre carrés, et au-dessous des arcades de la tour, se trouve un théâtre, aux deux extrémités duquel figurent deux cafés.

À droite et à gauche, les jardins indiqués au plan existent actuellement.

À leur extrémité, à droite, la douane, la manutention, le restaurant; les parties hachurées sont en dehors de l'Exposition; à gauche, sont les bâtiments d'exploitation, imprimerie, etc.

En pénétrant plus loin, se trouve un vaste espace compris entre les bâtiments portant au plan cette mention, à droite, Arts-Libéraux; à gauche, Beaux-Arts, dont le centre est occupé par trois bassins, le long desquels continue à courir le *velum,* le tout entouré de jardins.

Tout cet espace se trouve en contre-bas, par rapport aux monuments Arts-Libéraux et Beaux-Arts, auxquels on accédera par des marches conduisant à une terrasse qui courra tout autour de ces bâtiments.

Les deux bâtiments des Arts-Libéraux et des Beaux-Arts auront une ceinture de boutiques.

Les deux ronds figurés au plan, avec six étoiles noires, seront des kiosques pour la musique.

Nous rencontrons une avenue longeant les bâtiments des Arts-Libéraux et des Beaux-Arts qui aboutit à la porte Rapp destinée à être, comme en 1878, l'entrée principale de l'exposition du Champ de Mars qui se présentera avec une façade monumentale.

En poursuivant, au centre, nous rencontrons une nouvelle pièce d'eau entourée de pelouses, de jardins et d'une ceinture de *velums;* de chaque côté des bâtiments sont réservés à la Ville de Paris.

Puis viennent les *groupes divers* indiqués au plan et qui enclavent les bâtiments de la Ville de Paris : ce vaste emplacement est entièrement destiné aux exposants.

Une bordure de jardin sépare les groupes divers de la galerie des machines, autour de laquelle courra une galerie surélevée, qui permettra d'embrasser d'un coup d'œil, cette gigantesque installation.

À l'extrémité, et dans toute la largeur du Champ de Mars, s'étend le cours de la force motrice.

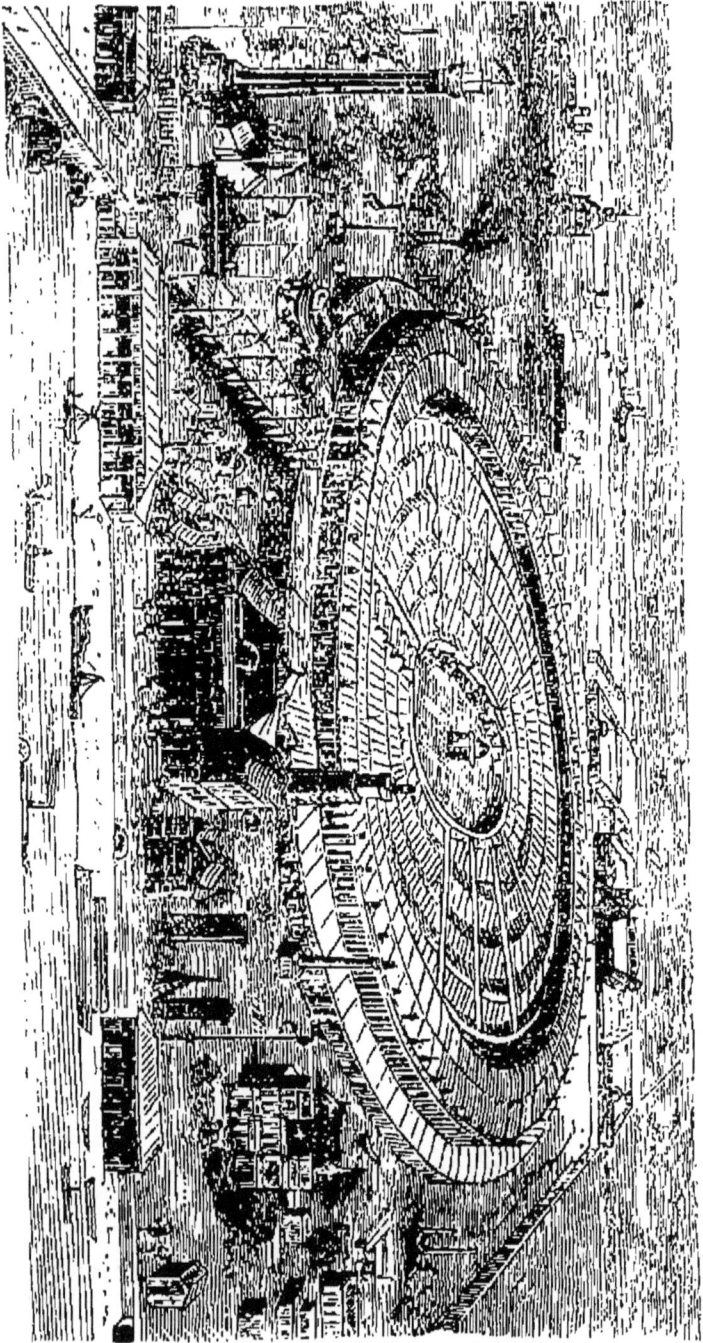

Vue de l'Exposition universelle de 1867

Vue de l'Exposition universelle de 1878

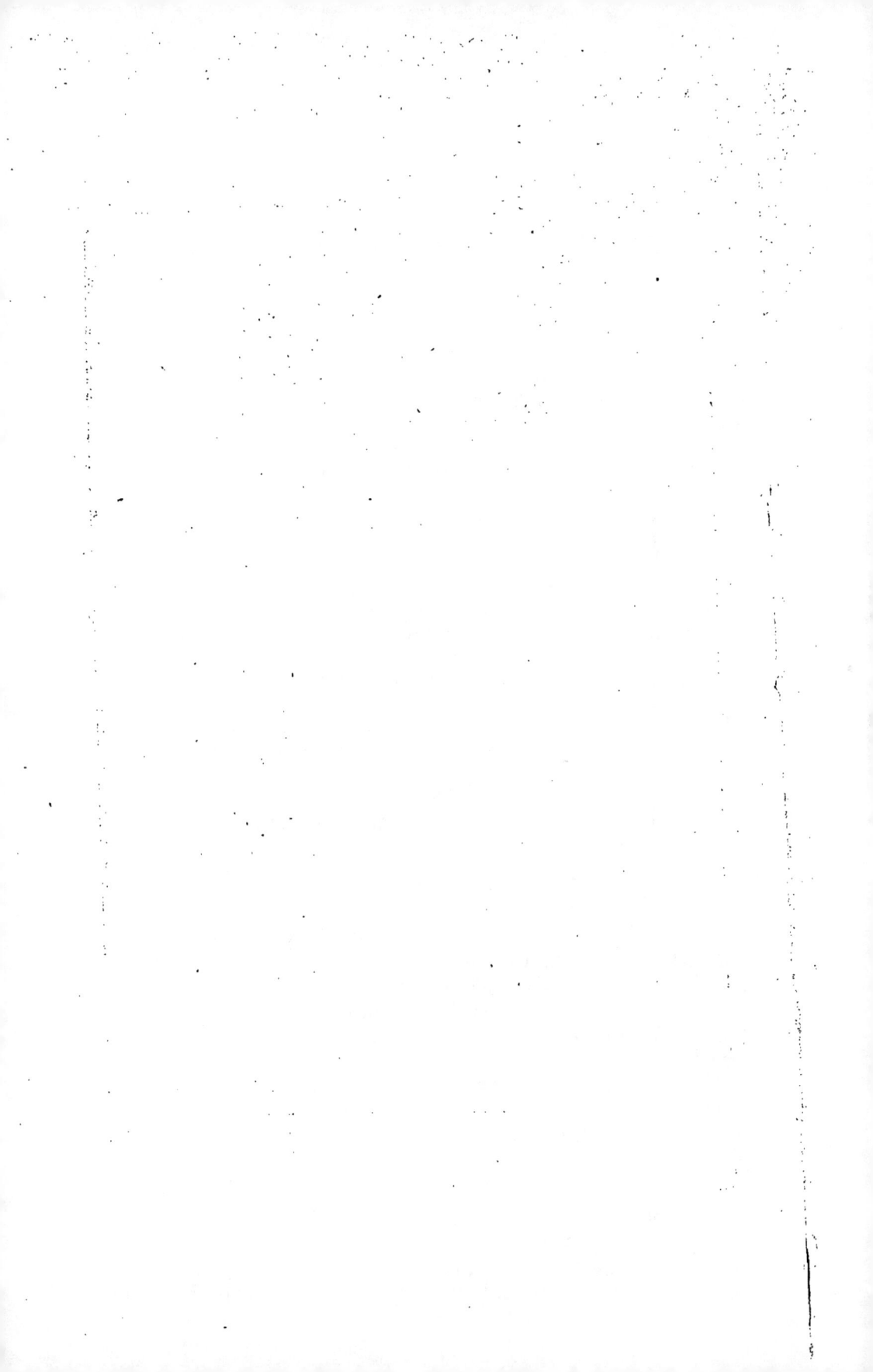

LES PROJETS DE L'EXPOSITION

Quoique l'Exposition fut décrétée par le président de la République depuis le 8 novembre 1884, et qu'un crédit de 100,000 francs ait été ouvert le 1er août 1885 au Ministre du commerce, on attendait que le projet fut mis au concours et le programme publié. Enfin, le 3 mai 1886, à la suite de pressantes sollicitations, le Ministre du commerce faisait publier le programme de ce concours et informait les concurrents que leurs projets devaient être déposés le 18, de 9 heures du matin à 7 heures du soir, à l'hôtel de ville.

Le cadre de ce guide ne nous permet pas d'entrer dans les considérations que suggère ce court espace de temps accordé aux architectes pour rendre un projet de pareille importance, nous nous contentons de faire remarquer que le programme demandait d'englober le Champ de Mars, l'esplanade des Invalides, les quais et berges compris entre les deux, le palais de l'Industrie et les jardins avoisinants. De plus, il fallait étudier un pont devant relier l'esplanade des Invalides aux Champs-Élysées. La surface des bâtiments étant de 291,000 mètres, et se subdivisant ainsi :

1º 32,000 mètres environ pour les beaux-arts ;

2º 25,000 — — pour l'agriculture ;

3º 6,000 — pour les colonies ;

4º 90,000 — pour les machines ;

5º 118,000 — pour les divers autres groupes.

70,000 mètres étant en outre réservés à toutes les colonies pour kiosques, pavillons particuliers, etc.

Il était en outre imposé d'étudier la possibilité d'élever une tour en fer de 125 mètres de côté à la base, et de 300 mètres de hauteur.

Nous donnons ici, comme comparaison, les surfaces couvertes lors des Expositions universelles précédentes.

En 1855, la surface couverte était de 116,000 mètres.

En 1857, — — 163,000 —

En 1878, — — 289,130 —

En 1889, la surface à couvrir est évaluée à 291,000 mètres.

Quoique ceci soit en dehors du sujet, nous ajouterons que l'Exposition de 1855 se liquida par une perte 8,100,000 francs, celle de 1878 par 21 millions ; au contraire, l'Exposition de

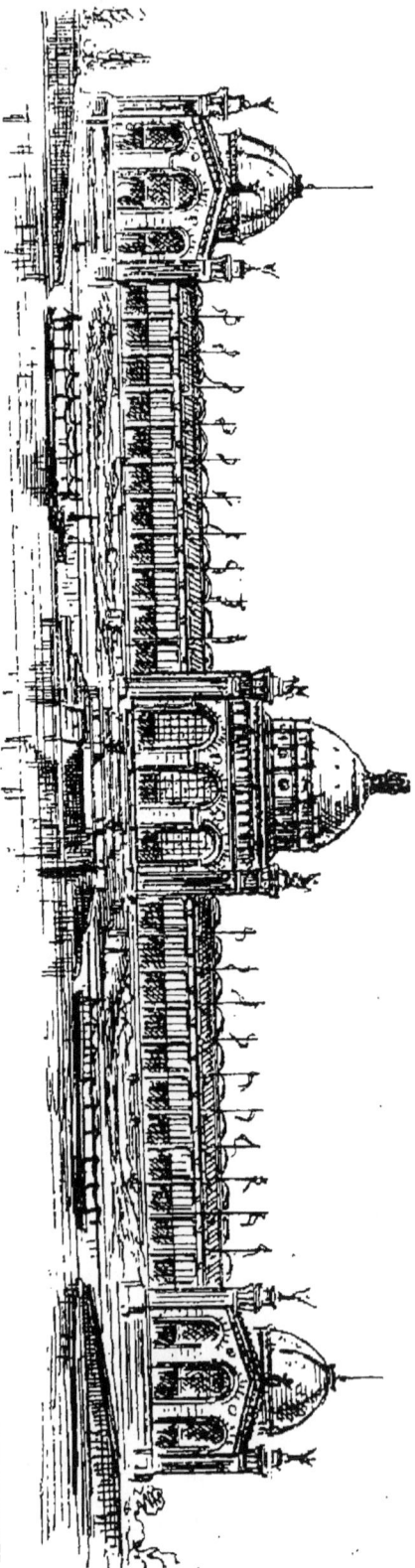

Projet de M. Formigé.

1867, organisée avec une association de garantie, se solda par 3 millions de bénéfice.

Ceci dit, entre parenthèse, nous reprenons notre sujet.

Malgré tant de conditions à remplir et le peu de temps accordé, 107 concurents, faisant preuve d'efforts véritablement extraordinaires, envoyèrent leurs projets à l'hôtel de ville où ils furent publiquement exposés pendant quatre jours du 19 au 22 mai.

Une commission de 34 membres, parmi laquelle nous ne comptons que six architectes : MM Charles Garnier, Bailly, Ruprich, Robert, Lisch, Baeswilwald et Vaudremer, fut nommée à l'effet d'examiner les projets et de déterminer ceux qui seraient l'objet des douze primes fixées par le ministre.

Dans une première séance, la commission a éliminé soixante et un projets, et sur les quarante-six restants, elle

Projet de MM. Eiffel et Sauvestre.

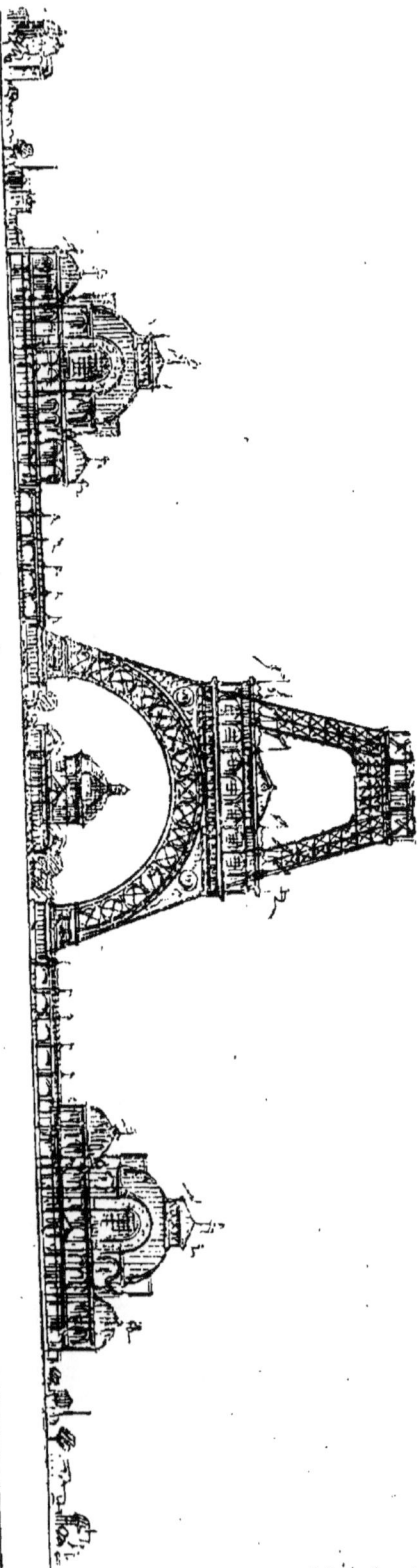

a réservé le second jour les dix-huit projets qui ont participé au choix définitif des primes.

Les trois premières primes de 4,000 francs furent accordées à MM. Dutert, Eiffel et Sauvestre, Formigé.

Les trois primes de 2,000 francs furent accordées à MM. Cassien Bernard et Nachon, Raulin, de Perther.

Les six primes de 1,000 fr. furent décernées à MM. Ballu, Pierron, Hochereau et Girault, Vaudoyer, Paulin, Fouquiau.

Postérieurement, des mentions non prévues par le programme, furent distribuées à MM. Blondel, Clovis et Morel, Gaston Hénard, Roux, Simil, Walwein et Bertisch Prévot.

Nous donnons plus loin une vue des projets ayant obtenu les premières primes, MM. Dutert, Eiffel et Sauvestre, Formigé ayant bien voulu nous autoriser à les reproduire.

L'Etat s'étant réservé le droit de faire participer les concurrents primés à un concours définitif, cette solution a été

écartée. Le ministre ayant expressément stipulé qu'il pourrait disposer à son gré des projets retenus et ayant obtenu une récompense, nous ignorons quel sera le projet qui sera exécuté, que prendra-t-on à celui-ci pour compléter celui-là, ce sont là autant de mystères, de secrets d'Etat, pourrions-nous dire, que nous n'avons pu percer. Malgré toutes nos recherches nous avouons être absolument ignorants de ce qui se fera. Aussitôt qu'une solution sera adoptée nous nous empresserons de publier les plans définitifs des façades et de l'ensemble. Nous ajoutons pour terminer que les architectes désignés pour l'exécution des travaux sont MM. Bouvard, Dutert et Formigé.

M. Formigé est chargé des Palais des Beaux-Arts et des arts libéraux, c'est-à-dire de toute la façade ; M. Dutert est chargé du Palais des Machines ; M. Bouvard des Palais qui borderont le Champ de Mars, c'est-à-dire ceux de l'Industrie.

Ces Messieurs sont commissionnés par arrêtés ministériels ainsi que les architectes inspecteurs.

MM. Grangny et Bergon pour le service de M. Bouvard.

MM. Henard et Devienne pour le service de M. Formigé.

MM. Blavette et Deglone pour le service de M. Dutert.

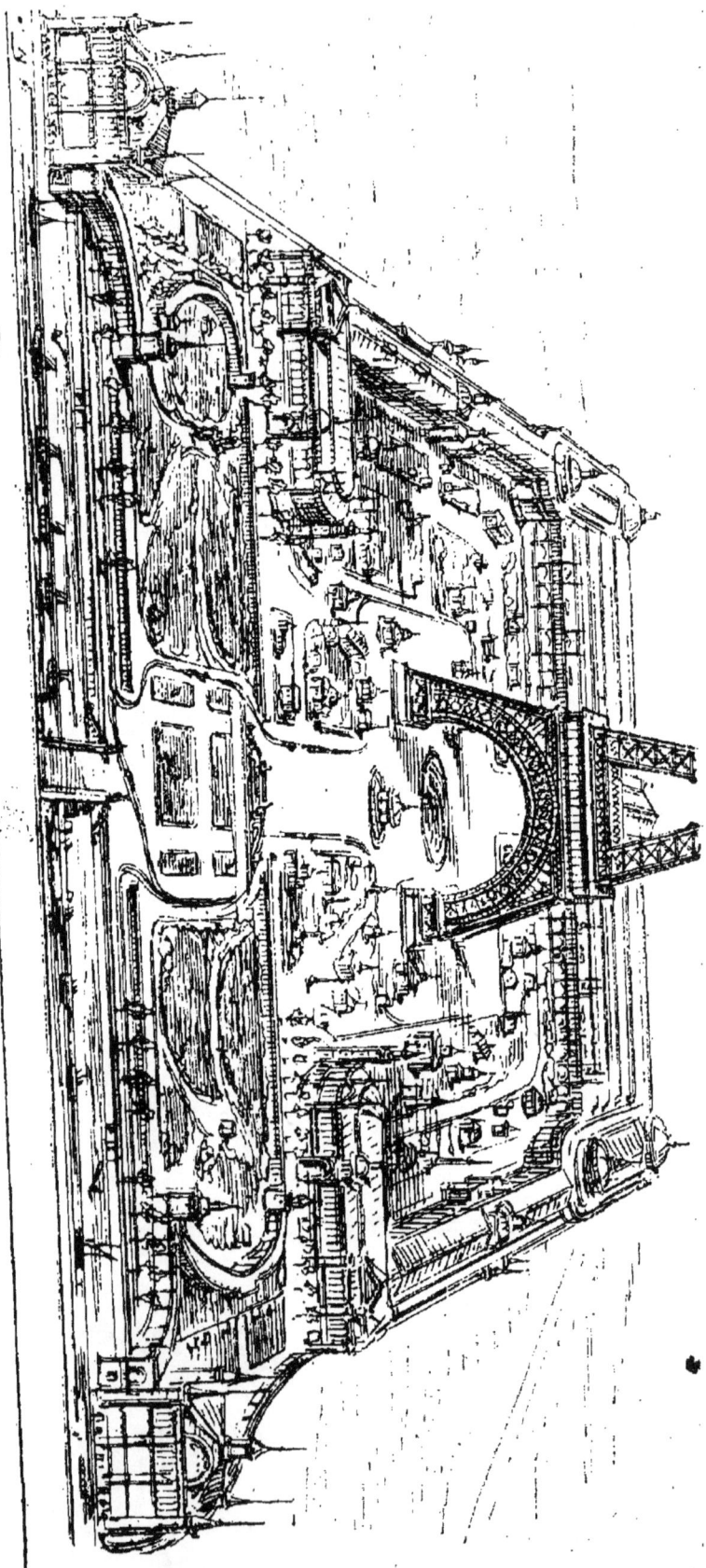

PROJET DE M. DUTRET.

LA TOUR EIFFEL

Quand on considère l'évidente supériorité du fer sur les autres matériaux de construction, ses qualités incomparables de résistance, de légèreté, de mise en œuvre, l'emploi enfin de plus en plus étendu de ce métal dans les constructions contemporaines, une question vient naturellement sur les lèvres : Pourquoi les grands monuments anciens ou modernes, depuis la pyramide de Chéops jusqu'au dôme de Saint-Pierre et à la Cathédrale de Cologne, ayant été péniblement, longuement, coûteusement construits en pierres plus ou moins dures ; pourquoi l'architecture moderne, enfin familiarisée avec le maniement du fer, a-t-elle presque exclusivement employé cette matière comme simple auxiliaire ; pourquoi, sauf quelques exceptions timides, dans lesquelles il faut noter surtout la faible élévation, nos architectes, aidés du concours si intelligent de nos métallurgistes et de nos constructeurs, n'ont-ils pas songé à construire des monuments exclusivement métalliques ?

Une seule raison (sérieuse, il est vrai, puisqu'elle soulève une question d'art) peut expliquer cette abstention : c'est le caractère peu monumental des constructions métalliques telles qu'on les avaient imaginées jusqu'ici, c'est-à-dire avec leur masse de pièces, accessoires, de contreventements surtout jugés indispensables à la stabilité.

Il est bien certain, en effet, qu'une haute tour, par exemple, dont l'agencement rappellerait de près ou de loin l'agencement si compliqué et si grêle à la fois des arches du pont des Saint-Pères serait d'un goût esthétique plus que douteux, et l'on comprend sans peine que les architectes jaloux de leur renommée artistique ne se soient pas donné une si bizarre fantaisie.

Mais la grande solennité de l'exposition de 1889 approche : les esprits en fermentation rêvent des merveilles dignes de faire oublier toutes les traditions du passé ; on se souvient de l'immense succès, lors de la dernière exposition universelle, des ascensions du Trocadéro et du ballon captif de la place du Caroussel ; qui se chargera, en 1889, de les faire oublier ?

Ce sera très certainement M. G. Eiffel, un ingénieur-constructeur parisien, celui même à qui est due la construction du célèbre pont de Garabit, un homme bien connu pour ne pas reculer devant les idées grandioses, et qui a, dans l'élaboration de son projet, des collaborateurs dignes de lui.

M. G. Eiffel, a étudié, pour la prochaine exposition, la construction d'une tour métallique de 300 mètres d'élévation, hauteur qui serait presque exactemement le double de celle de la cathédrale de Cologne, le plus haut monument connu !

Avant de se récrier, à la façon de certains journalistes beaucoup trop primesautiers, il est juste qu'une idée sérieusement proposée par des hommes infiniment sérieux, comme ceux qui ont été chargés d'étudier ce projet. soit attentivement étudiée.

Il n'est certainement venu à personne l'idée de contester la possibilité théorique de construire une tour en fer de 300 mètres d'élévation ; mais, *a priori* on a nié, au projet de M. Eiffel, deux qualités : l'effet artistique et l'utilité.

Quant à la question d'utilité, si bizarrement soulevée, elle nous semble résolue d'avance par les déclarations des savants du premier ordre, comme l'amiral Mouchez, Puiseux, le colonel Perrier, etc., etc., qui se sont accordés à déclarer qu'une tour de ce genre, conservée après l'Exposition, rendrait les plus grands services à l'astronomie, à la météorologie, à la chimie végétale pour l'étude de la constitution de l'air et de sa teneur en acide carbonique, à l'administration militaire pour la transmission des signaux optiques.

Mais, sans même nous élever à ces hauteurs scientifiques. croit-on qu'un pareil observatoire, mis à la disposition des Parisiens et de leurs visiteurs, qui leur permettrait de contempler Paris étendu à leurs pieds et comme perdu dans un immense et plendide panorama de 130 kilomètres de rayon, croit-on qu'une tour pareille, offrant sans fatigue et sans danger un si merveilleux spectacle. ne serait pas une des grandes curiosités, un des grands attraits de la capitale, et peut-on soutenir sérieusement qu'il serait inutile ?

La question d'art était plus difficile. Elle a été résolue avec un très grand bonheur par M. Eiffel.

En adoptant pour sa tour la forme d'une pyramide quadrangulaire, dont les quatres montants dessinent des courbes rentrantes, en calculant ces courbes de façon à ce que tous les arbalétriers, aboutissant à une section horizontale quelconque convergent sur un point de la résultante des forces extérieures conspirant au renversement de la tour, M. Eiffel a réalisé la suppression de tous les treillis de contreventement, et obtenu une simplicité, une harmonie de formes véritablement séduisantes.

Le monument, dans son ensemble, comprend trois étages distincts surmontés d'une coupole.

Le premier étage, ayant 70 mètres d'élévation, est cou-

La tour métallique de M. Eiffel.

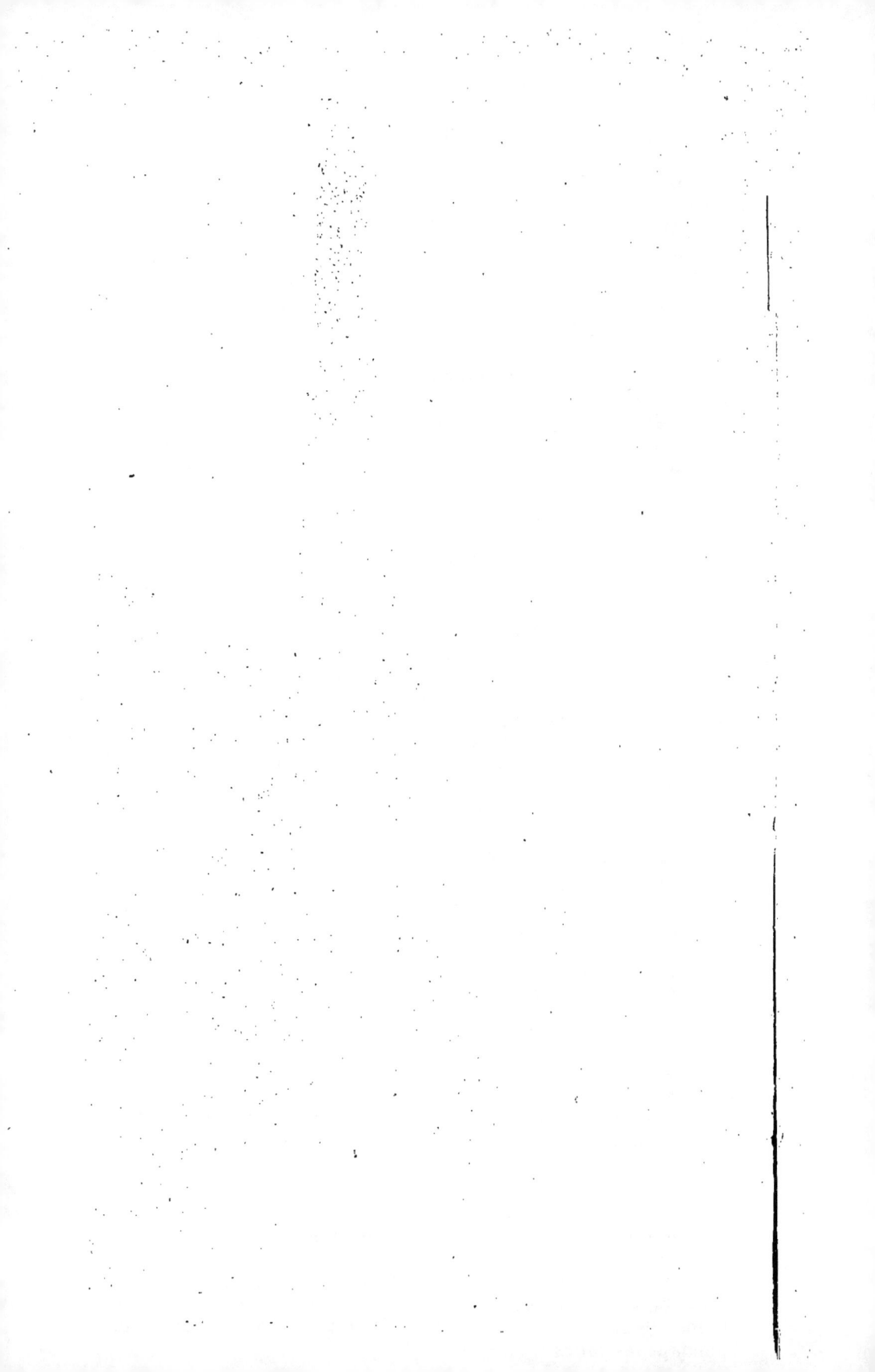

ronné par une galerie vitrée, avec balcon, où pourront être installés des salles de réunion, des restaurants. etc., et supporté par quatres grandes arches d'un puissant effet décoratif, avec leurs bandeaux ajourés et leurs tympans ornés de décorations polychromes.

Le deuxième étage comprend une salle carrée vitrée, de 30 mètres de largeur, et la coupole vitrée est entourée d'un élégant balcon extérieur.

Le poids de la tour est de 6,000,000, de kilogrammes. — Les assemblages seuls nécessiteront un minimum de 300,000 rivets. Malgré le poids énorme, la surface sur laquelle se repartit la tour est si considérable que la pression sur le sol de fondation dépasse à peine 2 kilog. et est, par conséquent inférieur à celle que donnent les constructions ordinaires de Paris. (Elle correspand exactement à la pression qu'exercerait sur le sol un mur plein en maçonnerie qui n'aurait que 9 mètres de hauteur).

Les 60 premiers mètres pèsent à eux seuls plus que les 240 autres. Le poids de la tour eût été de moitié moindre si l'on avait pu faire abstraction de la résistance au vent, qui a été calculée de façon que la tour puisse supporter normalement une pression de 400 kil. par mètre carré, correspondant à une poussée totale de 3,000,000 de kilogrammes. Les plus fortes tempêtes observées à Paris n'ont jamais exercé un effort de plus de 150 kil. par mètre carré et il est probable que si, par malheur, un vent de 400 kil., venait à souffler sur la capitale, la plupart de ses monuments seraient détruits et la Tour de 300 mètres résisterait victorieusement à cet ouragan : sa résistance au renversement ayant été calculee pour une sécurité double.

En admettant l'existence d'un ouragan de cette violence, les oscillations de la Tour seraient au sommet de 0.75. Car de même qu'on calcule très exactement à l'avance les flèches que prennent les grands viaducs métalliques sous le passage des trains, de même on a pu déterminer avec la plus grande précision les oscillations que prendra la Tour sous l'effort du vent.

En réalité, les plus grandes tempêtes observées à ce jour à Paris ne produiraient qu'une déviation d'environ 0.16 centimètres déplacement insignifiant, car il ne se produira qu'avec une extrême lenteur, en raison de la grande hauteur de la construction, et on peut assurer qu'elle passera inaperçue.

La commission technique nommée par le ministre du commerce a affirmé que la Tour jouera le rôle d'un immense paratonnerre protégeant un très large espace autour d'elle, à condition que sa masse métallique soit en communication parfaite avec la couche aquifère du sous-sol par le moyen de conducteurs capables de débiter la quantité considérable de fluide électrique dont il y aura lieu d'assurer l'écoulement pendant les jours d'orages.

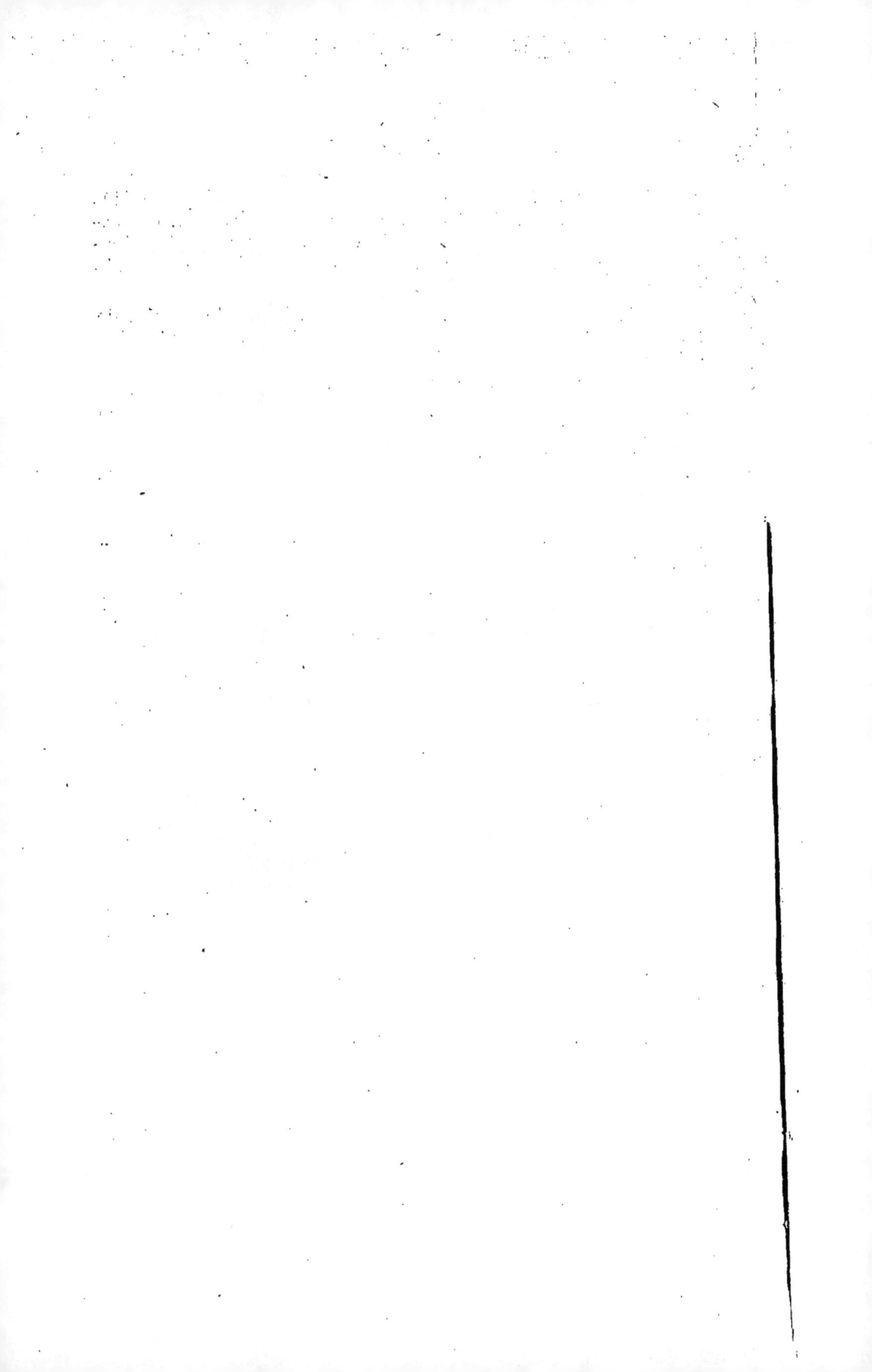

En raison de ses dimensions, la hauteur de la Tour variera suivant la température d'environ 0.29 centimètres.

Les fondations seront achevées avant les premières gelées.

Les maçonneries seront prêtes dans les premiers jours de l'année prochaine.

A la fin de l'année 1887, les 60 premiers mètres seront montés, c'est la partie la plus difficile et la plus délicate.

Les 240 mètres qui suivront seront en place fin 1888.

Jusqu'au premier et même probablement jusqu'au deuxième étage les ascenseurs, au nombre de quatre, un dans chaque montant suivront l'inclinaison de ces montants.

Au delà du second étage, il n'y en aura plus que deux, qui monteront verticalement jusqu'au sommet de la Tour.

La durée d'une ascension complète sera de dix minutes environ. Il faudrait près d'une heure pour gravir le sommet par les escaliers latéraux qui suivront le même chemin et seront publics jusqu'au premier étage.

La tour, étant facilement démontable, pourra, après l'Exposition, être transportée en un point quelconque de l'enceinte de Paris, sur les hauteurs de Montmartre, par exemple, d'où elle dominerait un plendide panorama, à 124 mètres d'altitude, à 100 mètres au-dessus du plan du Champ-de-Mars, et formerait à la ville elle-même, un magnifique couronnement.

On pourrait l'établir dans l'axe de la méridienne et la faire servir à d'utiles observations astronomiques.

Qui oserait prétendre que c'est trop pour Paris, et que les sacrifices qu'imposera la construction de ce monument, absolument unique dans les fastes du genre humain, digne en tout de la capitale du monde, seraient hors de proportion avec les services qu'il rendra et la splendide façon dont il coopérera à la solennité de l'Exposition.

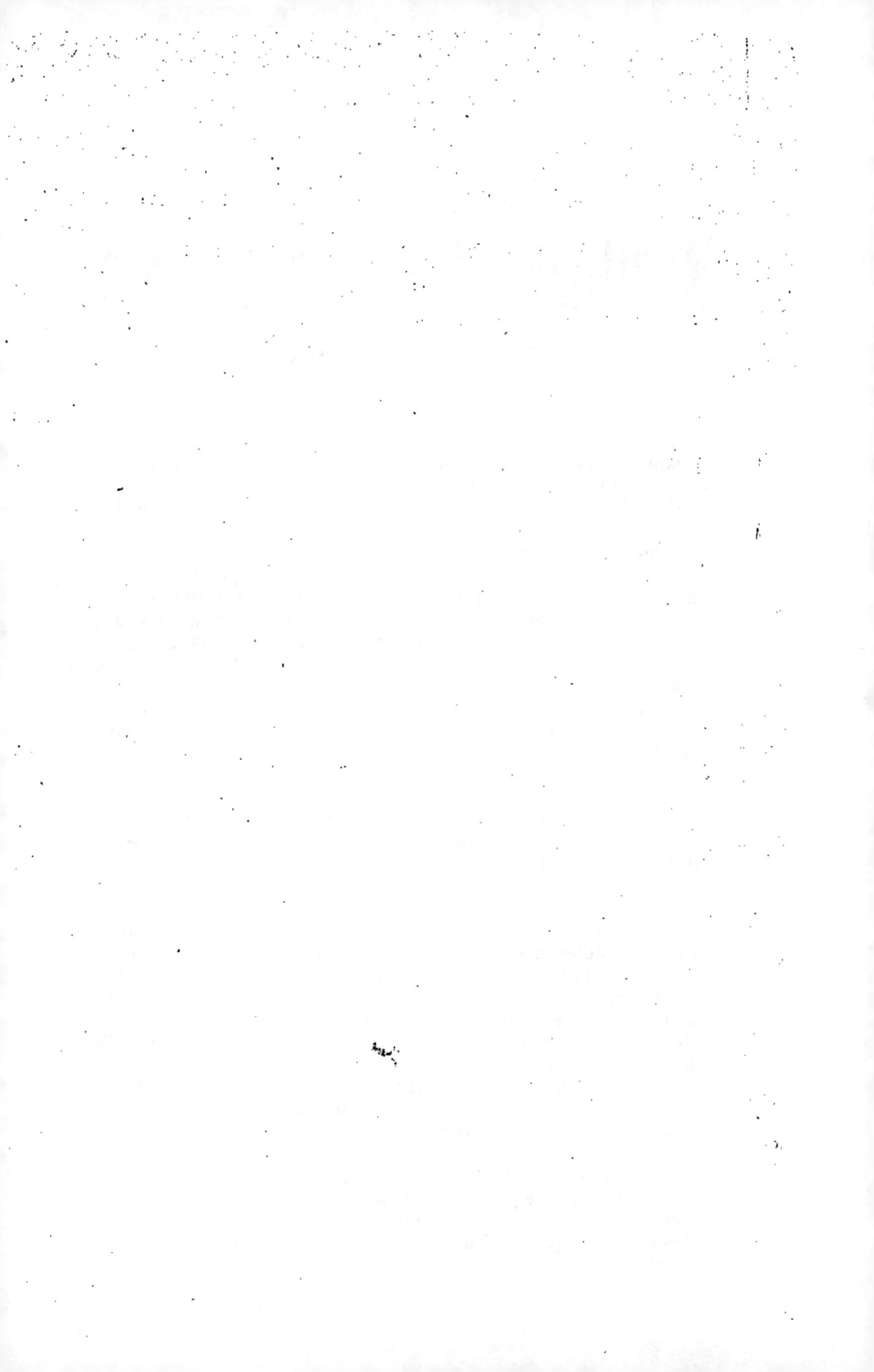

EXPOSITION
Maritime et Internationale
DU HAVRE 1887

Le grand évènement des plages normandes, pendant la saison 1887, est l'Exposition maritime internationale du Havre ouverte du 1ᵉʳ mai au 30 septembre.

Tous les touristes et étrangers, qui fréquentent si assidûment les jolies stations que leur voisinage de Paris à mises à la mode, ne manqueront pas d'aller visiter la grandiose manifestation commerciale et maritime qui a pour cadre les immenses aménagements du premier port de la Manche.

Il y aura double plaisir et profit à faire cette année une excursion de ce côté, Le Havre est en même temps une brillante ville balnéaire, et un port de commerce de premier ordre.

Toutes les distractions y sont offertes, en même temps que tous les éléments d'étude et de curiosité y sont réunis, pour ceux qu'intéressent les progrès maritimes et les développements du commerce.

L'Exposition du Havre élève au centre même de la ville ses vastes galeries embrassant un espace de 100,000 mètres carrés, autour du bassin du commerce, ou a lieu l'exposition flottante qui est la grande originalité et l'attraction spéciale de cette manifestation,

Dans ce bassin central figurent les plus beaux spécimens de la navigation : Yachts les plus riches du monde embarcations de pêche et de sauvetage, engins de la marine de guerre de tous pays. De vastes appontements forment tout autour du bassin un promenoir, où l'on circule à l'aise pour admirer toutes ces merveilles navales, auxquelles l'on peut accéder de plus près, dans des embarcations variées mises à la disposition des visiteurs.

Le bâtiment central de l'Exposition élève, au dessus de la rue de Paris, réservée à la circulation, en face du Théâtre, son architecture pittoresque : une immense sphère terrestre, surmontée d'un sémaphore, et flanquée de deux phares de 28 mètres de hauteur.

Internationale pour les industries de la marine et de l'électricité, l'Exposition du Havre est purement nationale pour les produits que la France exporte de ses colonies ou en importe.

Nous recommandons spécialement aux visiteurs la section coloniale. C'est un véritable musée ou figurent les éléments comparés de tous les produits qui peuvent entrer dans le commerce de l'échange. En même temps les produits fabriqués ou naturels du Congo, du Tonkin, de l'Annam, du Cambodge de Madagascar y forment la plus curieuse et la plus complète exposition exotique que l'on puisse voir.

La galerie des machines, renfermant les types les plus remarquables des machines marines qui mettent en mouvement les grands steamers ; L'exposition des plans et modèles où figurent l'Angleterre, la Belgique, les Etats-Unis, à coté d'exhibitions spéciales de la Cie Transatlantique, du bureau Véritas, des Ponts et Chaussées etc. ; La Galerie de l'armement des navires ; La classe innombrable de la consommation buffet gigantesque ouvert à la vue et à la dégustation ; Une superbe exposition de la carrosserie française ; Une exposition de toute richesse des industries du meuble, de la bijouterie, des objets, de luxe et de toilette, telles sont les attractions variées que nous notons entre cent autres, au courant d'une rapide visite.

Ajoutons que l'Exposition du Havre ne présente pas seulement ces rares éléments de curiosité et d'études ; au point de vue du grand commerce et des industries maritimes ; elle séduit encore ses visiteurs par des distractions artistiques de premier ordre.

Un orchestre nombreux, composé d'éminents artistes parisiens, sous la direction de M. Gabriel Marie, s'y fait entendre dans le jardin central, d'où l'on domine, à l'ombre et au frais, tout le bassin d'exposition.

Pour retenir encore le public dans ce jardin un magnifique café restaurant, des patisseries , des ateliers tunisiens et algériens, une amusante exposition au travail occupant toutes les galeries du pourtour.

Dans le grand salon des fêtes on peut admirer une exposition spéciale des peintres de marine, qui n'occupe pas moins de 400 mètres de surface, et réunit les maîtres des écoles françaises, anglaises, belges, etc.

Nous en avons assez dit pour justifier le conseil très pressant que nous donnons à nos lecteurs de ne pas manquer de visiter l'Exposition maritime internationale du Havre.

C'est une occasion de voir dans toute sa splendeur la grande cité commerciale, célèbre par la beauté de son site et de ses environs, autant que par l'importance de ses affaires et où les fêtes de toute sorte se succèdent pendant cette année de gala.

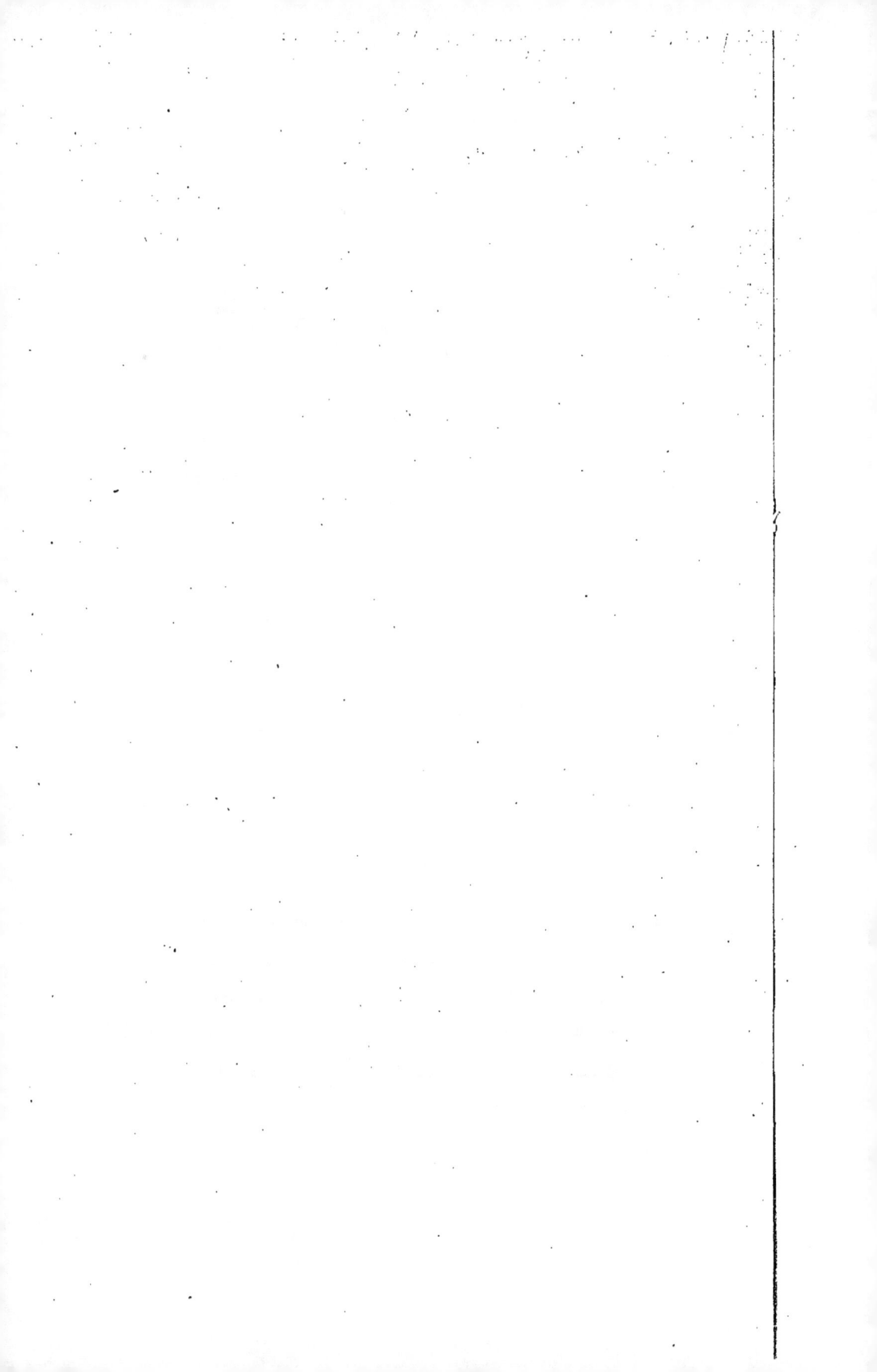

GUIDE

DU

VISITEUR

DANS

PARIS

Renseignements officiels. — Postes et Télégraphes.— Voitures. – Omnibus. — Tramways.
— Bateaux à vapeur. — Jardins. — Promenades. — Monuments. — Eglises. — Bibliothèques. — Manufactures nationales. —
Musées. — Etc.

RENSEIGNEMENTS OFFICIELS

GOUVERNEMENT

Présidence, Palais de l'Elysée.

Sénat, Palais du Luxembourg.

Chambre des députés, Palais Bourbon.

Conseil d'Etat, Palais royal.

MINISTÈRES

Affaires Etrangères, 130, rue de l'Université.

Agriculture et Commerce, 244, boulevard Saint-Germain.

Finances, Palais du Louvre.

Guerre, 103, boulevard Saint-Germain.

Instruction publique et cultes, 110, rue de Grenelle.

Intérieur, place Beauvau.

Justice, 11, place Vendôme,

Marine et Colonies, 2, rue Royale.

Postes et Télégraphes, 103, rue de Grenelle.

Travaux publics, 244, boulevard St-Germain.

PRÉFECTURE DE LA SEINE

ET SERVICES QUI EN DÉPENDENT

HOTEL DE VILLE

CONSEIL GÉNÉRAL. — CONSEIL MUICIPAL
CONSEIL DE PRÉFECTURE

Direction des Finances
Direction de l'Enseignement primaire
Direction de l'Administration Générale
Direction des Travaux

Beaux-Arts. Travaux historiques.
Plan de Paris. Eaux et Égouts.
Promenades et Voies publiques. — Ponts-et-Chaussées

OCTROI

PRÉFECTURE de POLICE

7 rue de la Cité

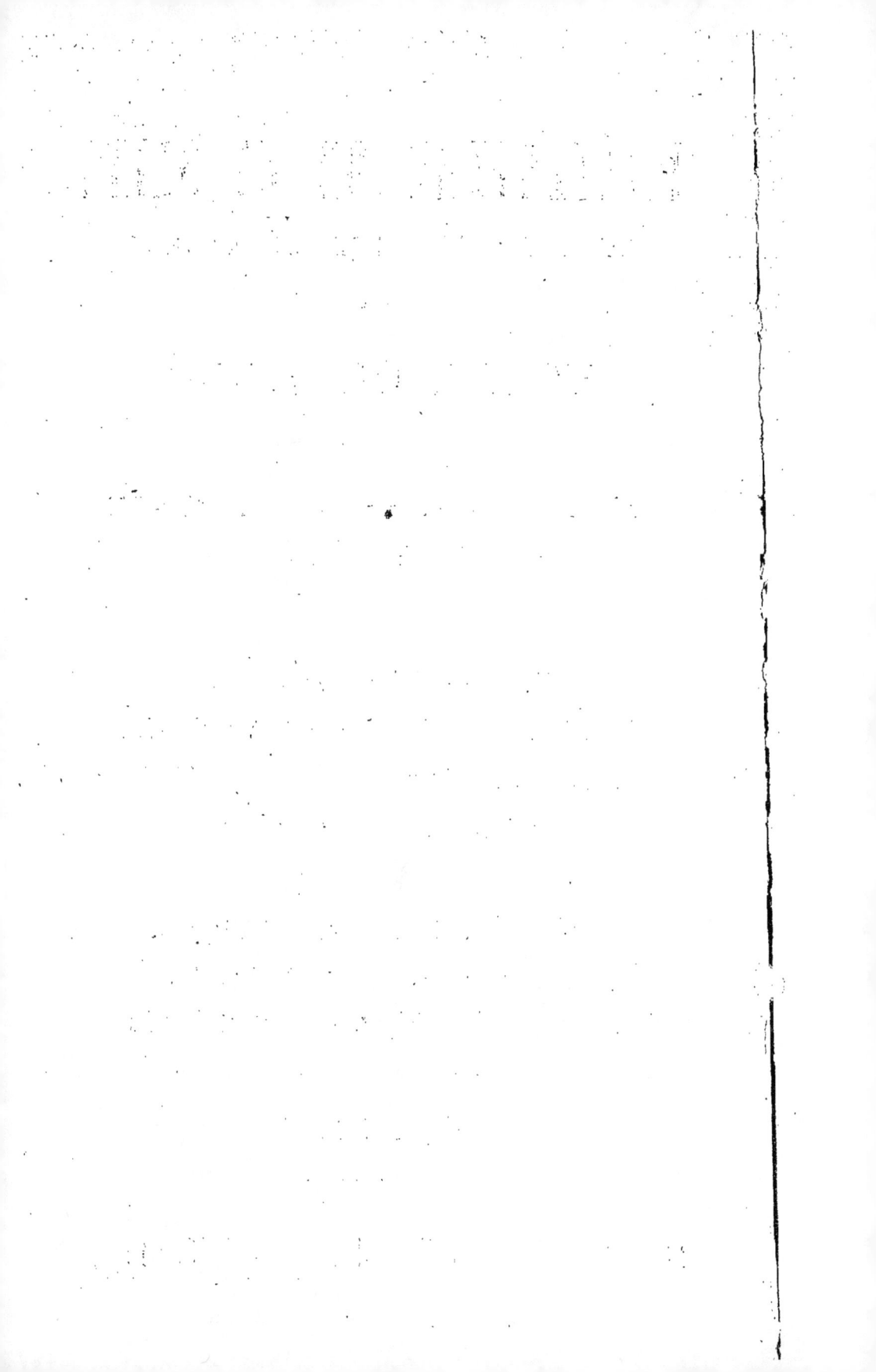

AMBASSADES, LEGATIONS, CONSULATS

Allemagne,	Ambassade,	78, r. de Lille,	Cte de Munster.
Angleterre,	—	39, f. St-Honoré,	Lord Lyons.
Autriche-Hongrie,	—	7, av. de l'Alma,	Cte Hoyos.
—	Consulat,	21, r. Laffite,	Bon G. de Rothschild.
Bavière,	Chargé d'affaires,	23, r. Washington,	M. de Reither.
Belgique,	Ambassade,	153, f. Saint-Honoré,	Bon Beyens.
Bolivie,	Consulat,	27, r. de l'Echiquier,	D. R. de Artola,
Brésil,	Chargé d'affaires,	17, r. de Téhéran,	Bon de Aurios.
—	Consulat,	8 bis, r. Chateaudun,	De Andr. Carvalho.
Chili,	Ministre plénip.,	12, av. Carnot,	Blèst Gana.
—	Consulat,	12, av. Carnot,	Carlos Zanurto.
Chine,	Ministre,	7, pl, Victor-Hugo,	Hsu-King-Cheng.
Colombie,	Consulat,	10, boul. d'Enfer,	J. Triana.
Conféd. Argent,	Ministre plénip.,	22, r. de Téhéran,	José C. Paz,
—	Consulat,	13, r. Grange-Batel.,	Otto Bemberg.
Costa-Rica,	Ministre plénip.,	16, r. Pierre-Charron,	Léon Fernandez.
—	Consulat,	94, r. Lafayette,	Elias L. Maduro.
Danemark,	Ministre plénip.,	29, r. de Courcelles,	Cte de Moltke-Hvitfeld
—	Consulat,	53, r. Hauteville,	P. Calon.
Rép. Équateur,	Ministre,	41, bd Malesherbes,	Antonio Flores.
Espagne,	Ambassade,	53, r. St-Dominique,	Francisco de Cardenas.
—	Consulat,		A. Rodriguez.
États-Unis,	Ministre plénip.,	59, r. Galilée.	Mac Lean.
—	Consulat,	24, r. du 4-Septemb.,	G. Walker.
Grèce,	Chargé d'affaires,	127, bd Haussmann,	C. A. Criesis,
—	Consulat,	20, r. Taitbout,	B. d'Erlanger.
Guatemala,	Ministre plénip.,	16, r. Pierre-Charron,	Crisanto Medina.
—	Consulat,	32, av. Marceau,	Manzano Torres.
Haïti,	Ministre résid.,	9, r. Montaigne,	Preston.
—	Consulat,	55, r. Châteaudun,	J. P. Simmonds.
Roy, Hawaïen,	—	10, r. de la Paix,	Collin de Paradis.
Honduras,	—	136, av. Trocadéro,	L. Gaubert.
Italie,	Ambassade,	11, r. de Penthièvre,	g, c. de Menabréa.
—	Consulat,	4, r. Vezelay,	chev. C.-A. Negri.
Japon,	Ministre plénip,	75, av. Marceau,	pr. Hachisuka,
Liberia,	Consulat,	34, r. des P.-Hôtels,	L. Carrance.
Luxembourg,	Chargé d'affaires,	153, f. St-Honoré,	C. Jonas.
—	Consulat,	—	E. Bastin.
Madagascar,	—	65, av. Ch.-Elysées,	H. Roux.
Mexique,	Ambassade,	5, r. Cimarosa,	Ram. Fernandez.
—	Consulat,	7, r. de Maubeuge,	Fernando Prado.
Monaco,	Ministre plénip.,	5, bd Tour-Maubg,	Mis de Maussabré-Benivvier
Nicaragua,	Consulat,	40, r. Blanche,	A. Petitdidier.
Rép. Orange,	—	4, r. Meissonnier,	Ch. de Mosenthal.
Paraguay,	—	1, r. Lafayette,	Meulemans.
Pays-Bas,	Ministre plénip.,	26, av. Marceau,	Ch. de Stuers.
—	Consulat,	56,	Van Lier.
Pérou,	Ministre plénip.,	28,	F. Rosas.
—	Consulat,	11, r. de Milan,	V. Marco de Pont.
Perse,	Ministre plénip.,	1, place d'Iéna,	g. Nazare Aga.
—	Consulat,	87, r. de la Boétie,	Th. Meynier.
Portugal,	Ministre plénip.,	6, r. St-Ph.-du-Roule,	D'Andrade de Corvo,
—	Consulat,	122, av. Ch.-Elysées.	chev. A. de Faria,

Ambassades, Légations, Consulats
(Suite)

Rép. Dominicaine	Ministre plénip.,	1, r. Balzac,	b. E. de Alméda.
—	Consulat,	1 la Paix,	Collin de Paradis.
Roumanie,	Ministre plénip.,	5, r. de Penthièvre,	de Balatchano.
Russie,	Ambassade,	79, r. Gr.-St-Germ.,	b. de Morenheim.
—	Consulat,		Kartzow.
Saint-Siège,	Nonce apostol.,	58, r. de V.,	S. E. Mgr di Rende.
Salvador,	Ministre plénip ,	20, r. Fortuny,	J.-M. Torres Caicedo.
—	Consulat,	46, r. Châteaudun,	E. Pector.
San-Mario,	Chargé d'affaires,	40, r. de Bruxelles,	comte de Bruc.
—	Consulat,	12, pl. Vendôme,	T. Morin.
Serbie,	Ministre plénip.,	240, r. de Rivoli,	J. Marinowitch.
—	Consulat,	127, av. Wagram,	Bressel-Gibert.
Siam,	Ministre plénip.,	r. de Siam (Passy),	prince Prisdang.
—	Consulat,	8, r. P.-Legrand,	A. Greham.
Suède-Norvège,	Ministre plénip.,	9, r. la Baume,	Cte Ch. Lewenhaupt.
—	Consulat,	15, r. Pasquier,	G. Brostroen.
Suisse,	Ministre plénip.,	4, r. Cambon,	docteur Lardy.
Turquie,	Ambassade,	10, r. de Presbourg,	Essad Pacha.
—	Consulat.	31, pl. St-Ferdinand,	P.-J. Donon.
Uruguay,	Ministre plénip ,	4, r. Logelbach,	colonel J.-J. Diaz.
—	Consulat,	3, r. Desbrousses,	B. Gallet de Kulture.
Vénézuéla,	—	4, r. de Presbourg,	Stadio Lara.
Zanzibar,	—	65, av. Ch.-Elysées,	H. Roux.

Le Palais du Luxembourg.

JARDINS & PROMENADES

Jardin du Luxembourg (rue de Vaugirard). — Ouvert tous les jours du matin au soir. Voir le musée, le palais du Sénat, la fontaine de Médicis, les statues des femmes illustres de France placées sur les terrasses autour du grand parterre. — De nombreuses statues œuvres de sculpteurs célèbres ornent les divers jardins et parterres de jardins. Au bout du jardin se trouve la fontaine de l'observatoire œuvre de Frémiet et Carpeaux. Voir aussi les serres contenant plus de 25.000 plantes.

En été musique militaire sur la terrasse du côté de la rue Médicis.

Jardin des Tuileries (place de la concorde). — Voir la terrasse des Feuillants, du bord de l'eau le bassin d'où s'élance un superbe jet d'eau. Dans le jardin et le parterre ont été placées des statues et groupes des sculpteurs les plus célèbres. Coysevox, Coustou, Pradier, Lemaire etc. En été musique militaire sous les marronniers du côté du quai.

Jardin du Palais-Royal. — Le jardin à la Française contient un vaste bassin et est décoré de nombreuses statues, il est enfermé par 180 arcades. Voir la galerie d'Orléans, la galerie de Valois, la galerie de Montpensier, la galerie de Beaujolais, où se trouvent les plus beaux magasins de bijouterie et d'orfèvrerie.

En été, musique militaire.

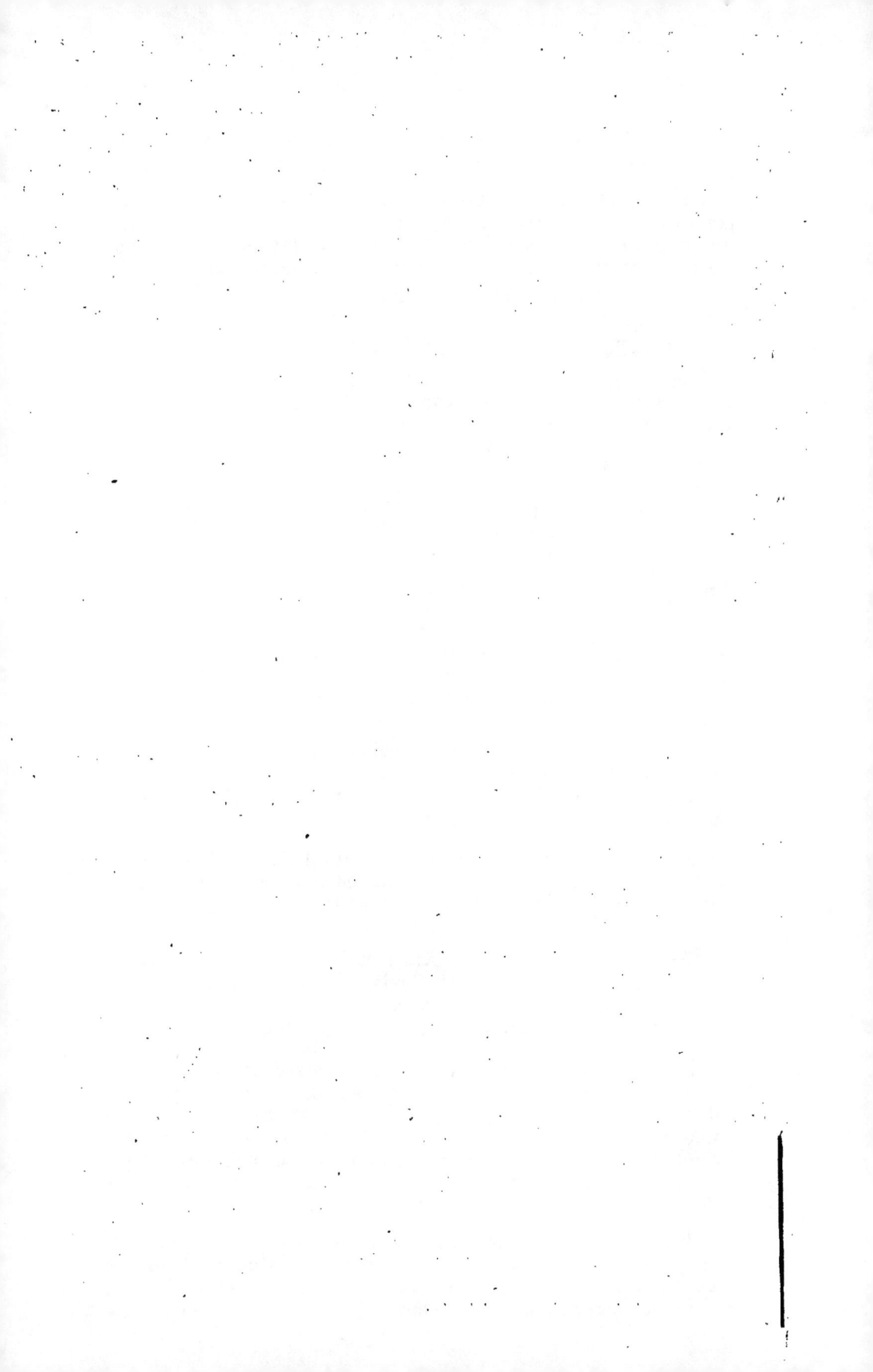

Jardin des plantes, (place Walhubert). — Voir muséum d'histoire naturelle.

Jardin d'acclimatation (bois de Boulogne). — Ce jardin renferme outre une grande quantité d'animaux vivants un panorama du monde antédiluvien, un aquarium contenant les productions animales et végétales du monde aquatique.

Des serres tempérées abritent les oiseaux et les plantes des tropiques.

Concert l'après-midi le jeudi et le dimanche.

Des chameaux, des éléphants, des poneys, des voitures attelées de zèbres, d'ânes, sont mis à la disposition des enfants moyennant une modique rétribution

Parc Montsouris (Avenue Reille). — Ce parc accidenté est divisé en deux parties par le chemin de fer de Sceaux reliées entre elles par un pont et un tunnel formant grotte. Il possède un beau lac et une cascade.

Voir le palais du Bey de Tunis, appelé le Bardo, qui a figuré à l'Exposition universelle de 1867 et converti en observatoire météorologique.

Bois de Boulogne. — On s'y rend par les magnifiques avenues des Champs-Elysées, avenue du Bois de Boulogne, avenue de la Grande-Armée, avenue d'Eylau, avenue Victor Hugo.

Voir les lacs inférieur et supérieur, la cascade, l'hippodrome de Longchamps, l'hippodrome d'Auteuil, le tir aux pigeons, le pré Catelan, café restaurant de la cascade, Madrid, le pavillon chinois.

Bois de Vincennes. — (Chemin de fer de l'Est). Voir le lac des Minimes, de Gravelle, de St-Mandé, de Charenton, le château de Vincennes, la chapelle, le donjon (hauteur 52 mètres).

Parc Monceau (boulevard Malesherbes). — Ce parc, un des plus pittoresques de Paris, est ouvert aux voitures. — De nombreuses statues ornent les parterres. — Le bassin est entouré d'une colonnade du meilleur effet.

Parc des Buttes-Chaumont (rue de Puebla). — Sur l'emplacement d'anciennes carrières on a arrangé ce parc d'un heureux aspect et très accidenté. — Du lac, s'élève à une hauteur de 50 mètres, une île sur le sommet de laquelle on a construit la reproduction exacte du célèbre temple de la Sybille à Tivoli. — Deux ponts et une cascade de 30 mètres en font un site très pittoresque.

Parc du Trocadéro (Palais du Trocadéro et quai de Billy). — Le château-d'eau est décoré des statues de l'Europe, de l'Asie, de l'Afrique, de l'Amérique, de l'Océanie, par Schœneverck, Falguière, Delapanche, Strolle, Nullet et Mo-

Le palais de l'Industrie.

reau. — La cascade descend de vasque en vasque jusqu'au grand bassin orné des statues du bœuf, du cheval, de l'éléphant, du rhinocéros. —.(Voir l'aquarium).

Champs-Elysées (de la place de la Concorde à l'Arc de Triomphe de l'Etoile). — A l'entrée se trouvent les deux groupes de Coustou, appelés les chevaux de Martz. — Les Champs-Elysées se composent d'une grande avenue et de contre-allées coupées de pelouses et de frais massifs qui entourent des fontaines jaillissantes.

Dans les Champs-Elysées se trouvent : Le Palais de l'Industrie. — Le pavillon de la Ville de Paris. — Le cirque d'Eté. — Le panorama Marigny. — Les cafés-concerts des Ambassadeurs, de l'Alcazar, de l'Horloge ouverts l'été. — Du rond-point jusqu'à l'Arc de l'Etoile, l'avenue est bordée des hôtels les plus riches et les plus somptueux.

Place de la Concorde. — Statues colossales des principales villes de France : Lyon, Marseille, Bordeaux, Nantes, Rouen, Brest, Lille, Strasbourg. — Obélisque de Lougsor. — Fontaines monumentales.

Place de la Bastille. — Sur l'emplacement de l'ancienne forteresse de la Bastille on a élevé la colonne de

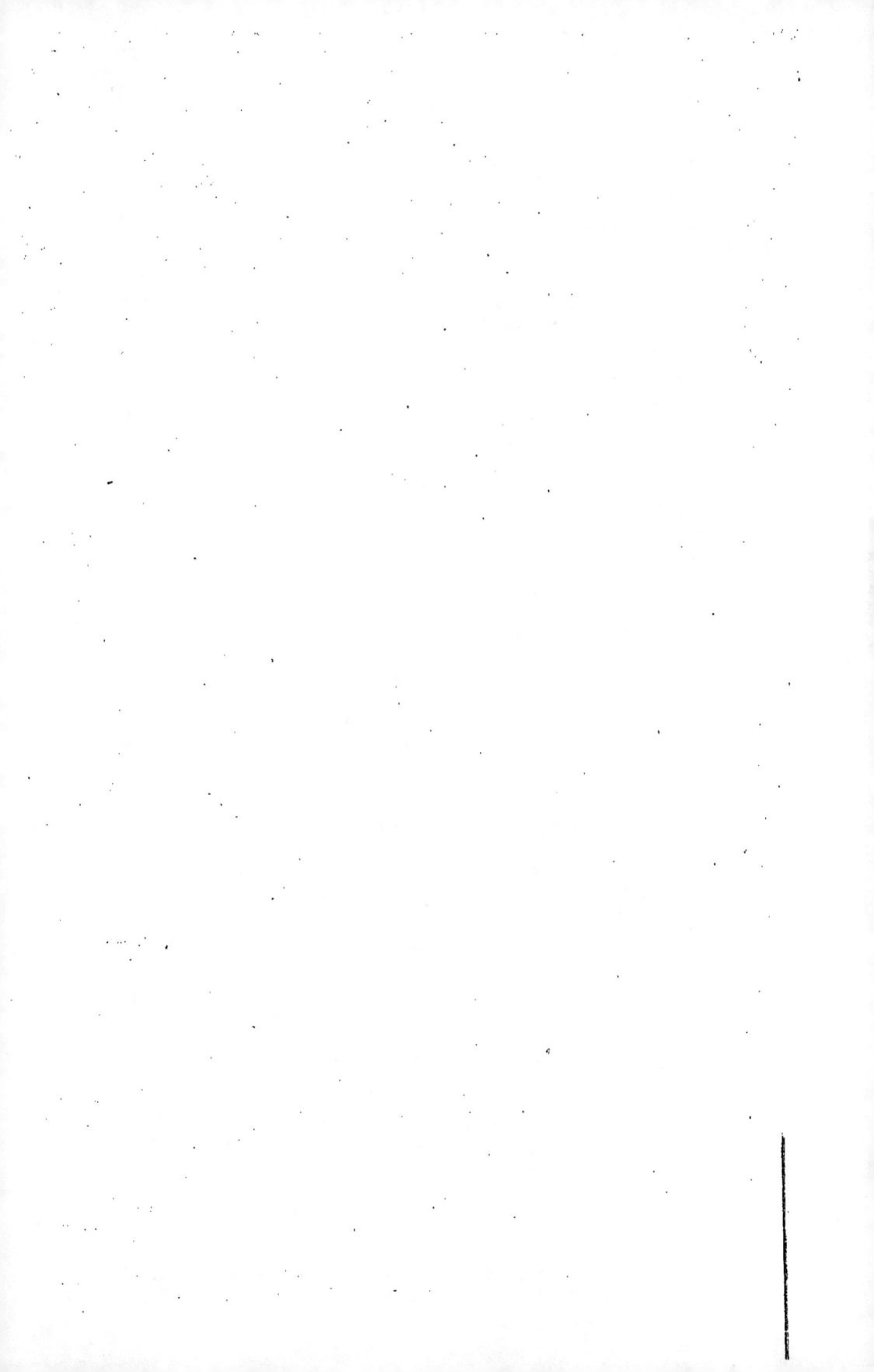

Juillet ou de la Bastille, à la mémoire des combattants de Juillet.

Place du Carrousel. — Arc de Carrousel. — Statue de Gambetta.

Place du Châtelet. — Chambre des notaires. — Fontaine de la Victoire. — Théâtres du Châtelet et des Nations.

Place Clichy. — Statue du maréchal Moncey.

Place Daumesnil, ou a été transportée l'ancienne fontaine du Château-d'Eau.

Place Denfert-Rochereau. — Le Lion de Belfort, par Bartholdi.

Place de l'Europe. — Au carrefour des rues de Vienne' de Madrid, de Constantinople, de Berlin, de Saint-Pétersbourg et de Londres. — La partie centrale est formée par le tablier d'un gigantesque pont en fer qui passe sur le chemin de fer de l'Ouest.

Place de l'Hôtel-de-Ville.

Place de Louvois ou Richelieu (vis-à-vis la Bibliothèque nationale). — Square orné d'une fontaine dont les statues représentent la Seine, la Loire, la Garonne et la Saône.

Place Malesherbes (près du parc Monceau). — Statue d'Alexandre Dumas, par Gustave Doré.

Place de la Nation (ancienne place du Trône. — Voir les colonnes portant les statues de Saint-Louis et de Philippe-Auguste. — Vaste bassin avec fontaine jaillissante.

Place Notre-Dame (derrière l'abside de la cathédrale. — Cette place occupe l'emplacement de l'ancien archevêché. Le square contient une fontaine à deux bassins décorée d'une statue de la Vierge avec l'enfant Jésus.

Place du Palais-Bourbon (devant la Chambre des Députés). — Statue de la Loi.

Place du Panthéon. — Voir l'église Sainte-Geneviève, l'Ecole de Droit, la Bibliothèque Sainte-Geneviève, l'église Saint-Etienne-du-Mont.

Place du Parvis (ou parvis Notre-Dame). — Statue de Charlemagne.

Place du Pont Saint-Michel (à l'entrée du boulevard Saint-Michel). — Fontaine monumentale de St-Michel terrassant le Dragon.

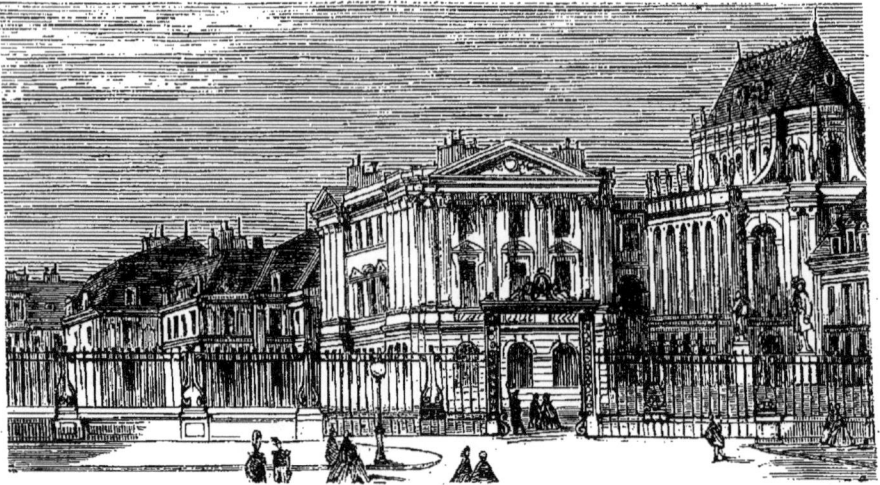

Le palais de Versailles.

Place de la République (ancienne place du Château-d'Eau). — Au centre statue colossale de la République.

Place des Pyramides (en face l'entrée des Tuileries). — Statue de Jeanne d'Arc, par Frémiet.

Place Saint-Germain-des-Prés. — Eglise St-Germain-des-Prés. — Statue de Diderot. — Station des tramways de Clamart et Fontenay-aux-Roses.

Place Saint-Sulpice. — Eglise Saint-Sulpice. — Grand Séminaire. — Fontaine monumentale avec statue de Bonnet, Fénelon, Massillon, Fléchier. — Mairie du VIᵉ arrondissement.

Place Vendôme. — Colonne Vendôme, 44 mètres. Au haut statue de Napoléon Iᵉʳ. — Ministère de la Justice. — Hôtel du gouverneur de Paris.

Place des Victoires. — Statue équestre de Louis XIV. — En face la Banque de France.

Place des Vosges (autrefois appelée place Royale). — Beau jardin planté de marronniers. Bordé d'anciens hôtels Henri II et Louis XIII. — Statue équestre de Louis XIII.

Champ-de-Mars. — Ecole Militaire. — Sur son terrain, 1,000 mètres de long, 500 mètres de large, ont été élevées les Expositions universelles de 1867 et 1878. — C'est encore sur cet emplacement que se tiendra l'Exposition universelle de 1889.

Esplanade des Invalides. — Hôtel des Invalides.

L'Arc de Triomphe de L'Etoile.

MONUMENTS ET CURIOSITÉS

A VISITER

Arc de Triomphe de l'Etoile, Champs-Elysées.
—   du Carrousel, place du Carrousel.
—   de la Porte-Saint-Denis, boulevard Saint-Denis.
—   de la Porte-Saint-Martin, boulevard Saint-Martin.
Palais des Beaux-Arts, rue Bonaparte.
— de la Bourse, place de la Bourse.
— Bourbon, 124, rue de l'Université. (Chambre des Députés).
— de l'Elysée, 57, faubourg Saint-Honoré.
— de l'Industrie, Champs-Elysées.
— de l'Institut, 22, quai Conti.
— de Justice, boulevard du Palais.

Palais du Louvre, rue de Rivoli. (Voir Musée).

— **du Luxembourg,** 23, rue de Vaugirard. (Voir Musée). — Palais du Sénat.

Palais-Royal, place du Palais-Royal. (Cour des Comptes. — Conseil d'Etat).

Palais des Thermes, boulevard St-Michel. (Voir Musée).

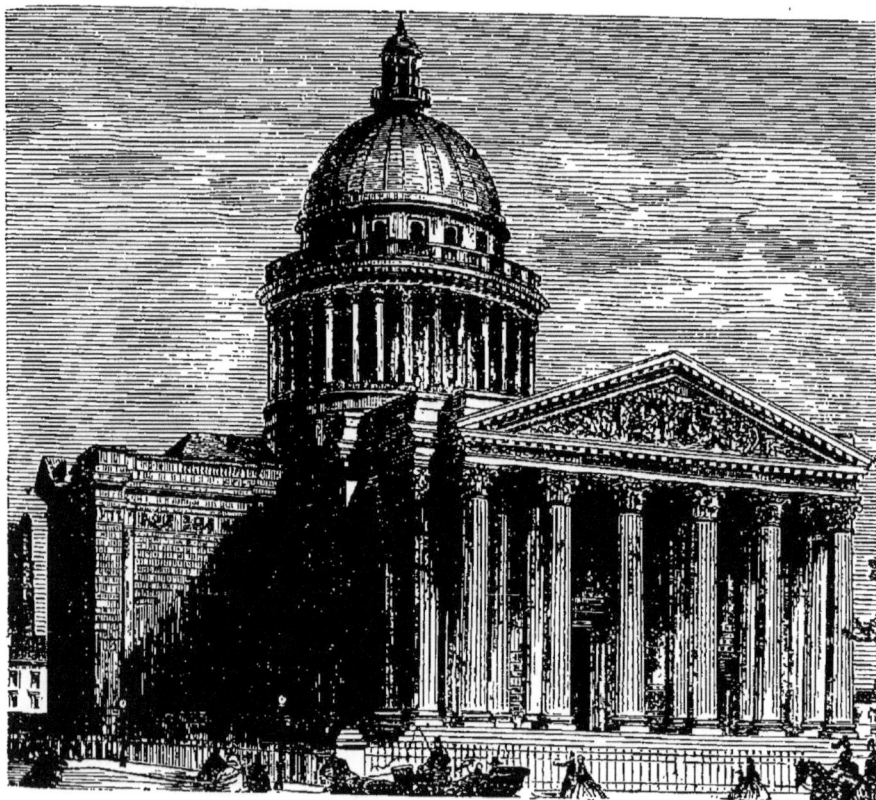

Vue du Panthéon

Palais du Trocadéro, place du Trocadéro. (Musée).

Colonne Vendôme, place Vendôme.

— **de Juillet,** place de la Bastille. (Ascension au sommet des deux colonnes).

— **de Médicis,** rue de Viarmes.

— **de la Victoire,** place du Châtelet.

Tour Saint-Jacques, rue de Rivoli. (Ascension à la plate-forme).

Obélisque de Louqsor, place de la Concorde.

Palais des Invalides, Esplanade des Invalides. (Ouvert tous les jours de 10 heures à 4 heures. Voir le Dôme et le

Palais de Justice et Sainte-Chapelle.

Tombeau de Napoléon Ier. Entrée par la place Vauban, le lundi, mardi, jeudi, vendredi, de midi à 3 heures).

Panthéon, place du Panthéon. (Tous les jours on peut visiter les caveaux et faire l'ascension du Dôme 79^m de hauteur.)

Notre-Dame, place du Parvis-Notre-Dame. (Ascension des tours, 66^m de hauteur, tous les jours).

Saint-Etienne-du-Mont, place du Panthéon. (Tombeau de Sainte-Geneviève. — Reliques).

Abbaye de Saint-Denis (Tombeaux des rois de France).

Chapelle Expiatoire, rue d'Anjou-Saint-Honoré. (Cénotaphes de Louis XVI et de Marie-Antoinette).

Sainte-Chapelle, au Palais de Justice). (Visite tous les jours de 10 heures à 4 heures. Le bureau du gardien est à gauche près du porche).

Saint-Sulpice, place Saint-Sulpice. (L'entrée des tours est rue Saint-Sulpice).

Eglise votive du Sacré-Cœur de Montmartre.

Tribunal de Commerce, boulevard du Palais.

Bibliothèque Nationale, rue Richelieu, 58.
   —   **de l'Arsenal,** rue de Sully, 1.
   —   **Mazarine,** à l'Institut, quai Conti, 21.
   —   **Sainte-Geneviève,** place du Panthéon, 6.
   —   **de l'Institut,** palais de l'Institut.
   —   **de la Ville de Paris,** hôtel Carnavalet.
   —   **de l'Ecole des Beaux-Arts,** r. Bonaparte, 14.
   —   **du Conservatoire des Arts-et-Métiers.**
(Pour les jours d'entrée, voir aux bibliothèques).

Aquarium du Trocadéro, au palais du Trocadéro.

Archives Nationales, 60, rue des Francs-Bourgeois.

Château de Vincennes. — Visible tous les jours avec permission du commandant de la place de Paris.

Vue de la Bourse.

Collège de France, rue des Ecoles.

Conservatoire des Arts-et-Métiers, 292, rue Saint-Martin.

Conservatoire de Musique, 15, faubourg Poissonnière. — (Voir bibliothèque).

Ecole centrale des Arts et Manufactures, rue Montgolfier. — Pour visiter, s'adresser au directeur.

Ecole de Pharmacie, 4, avenue de l'Observatoire. — Bibliothèque. — Collection. — Jardin botanique.

Ecole des Beaux-Arts. — Voir Palais des Beaux-Arts. Musée. Bibliothèque.

Ecole des Mines, 60 et 62, boulevard Saint-Michel. — Collections visibles les mardi, jeudi et samedi, de 11 heures à 3 heures.

Exposition permanente des Colonies françaises, au palais de l'Industrie, Champs-Elysées. — Ouverte tous les jours. — Entrée gratuite.

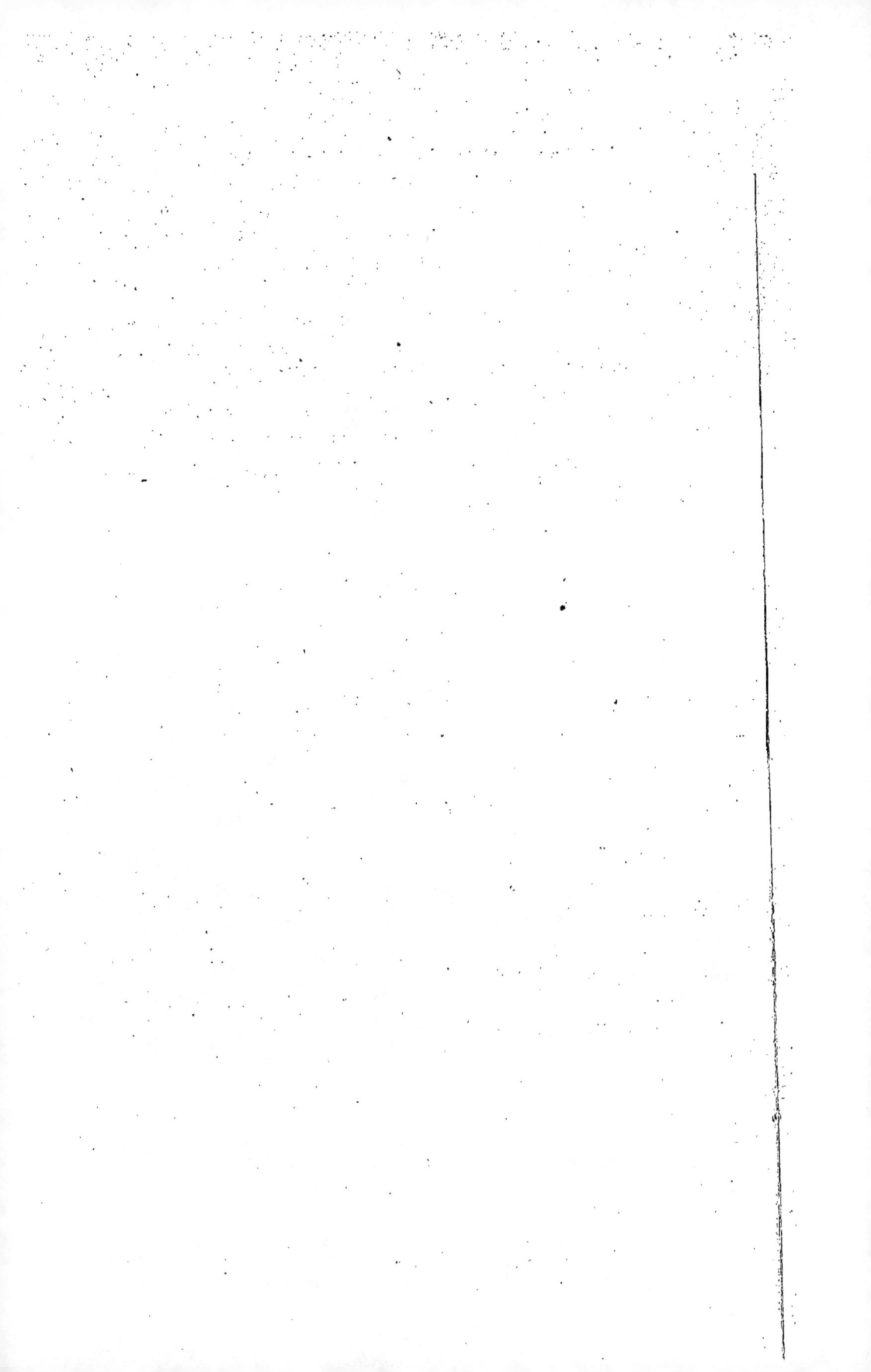

Exposition de peinture, sculpture, dessin des artistes vivants, palais de l'Industrie. — Du 1er mai au 20 juin. — Gratuite les dimanche.

Garde–Meuble, 128, quai d'Orsay. — Exposition de mobilier destiné à la décoration des palais nationaux, jeudi, dimanche et jours fériés. — (Voir musées).

Tribunal de Commerce

Imprimerie Nationale, 87, rue Vieille-du-Temple. — Visible le jeudi à 2 heures avec billets délivrés par le directeur sur demande écrite.

Institution des Jeunes Aveugles, 56, boulevard des Invalides. — On peut visiter le mercredi de 1 heure 1/2 à 4 heures en demandant par écrit permission au directeur.

Institution des Sourds-Muets, 256, rue Saint-Jacques. — Demander une permission au directeur pour visiter le mardi de 2 heures à 4 heures.

Manufacture des Gobelins, 42, avenue des Gobelins. — Visible le mercredi et le samedi de 1 heure à 3 heures. — (Voir musées).

Manufacture des Tabacs, 63, quai d'Orsay. — Visible le jeudi de 10 heures à midi et de 2 heures à 4 heures avec permission du directeur.

Ménagerie du Jardin des Plantes. — Voir Muséum d'histoire naturelle.

Monnaie, quai Conti. — Atelier et musée visibles le mardi et le vendredi de midi à 3 heures avec permission spéciale demandée par écrit au directeur.

Catacombes. Entrée place d'Enfert-Rochereau, pavillon droit de l'ancienne barrière d'Enfer. — Les visites ont lieu à midi trois quarts, les 1er et 3e samedis de chaque mois. On ne peut visiter qu'avec une carte délivrée par le directeur des travaux à la préfecture de la Seine (Hôtel de Ville).

Egouts. — On peut en visiter une partie pendant la belle saison — mars à octobre — en demandant une autorisation au directeur des travaux à la préfecture de la Seine (Hôtel de Ville). On entre par la place du Châtelet et on sort à la place de la Madeleine.

Prisons. — Les diverses prisons de Paris ne sont visibles que pour les personnes munies d'une autorisation spéciale accordée par le préfet de police sur une demande motivée.

Morgue, quai de l'Archevêché. — Ouverte au public tous les jours sans exception, depuis le lever jusqu'au coucher du soleil.

Musée d'artillerie, hôtel des Invalides.
— **des Arts décoratifs**, palais de l'Industrie (Champs-Elysées), porte 7.
Dupuytren (Ecole pratique), rue de l'Ecole de médecine, 12.
— **Orfila** (Ecole de médecine), rue de l'Ecole, 15.
— **historique de la Ville de Paris** (hôtel Carnavalet rue Sévigné, 23.
— **du Louvre**, palais du Louvre.
— **du Luxembourg**, palais du Luxembourg.
— **minéralogique et géologique** (Ecole des mines), 60-62, boulevard Saint-Michel.
— **des monnaies et médailles**, hôtel de la Monnaie.
— **des beaux-arts** (Ecole des beaux-arts), rue Bonaparte.
— **des Thermes et de Cluny** (hôtel de Cluny), rue du Sommerard.
— **du Trocadéro**, palais du Trocadéro. — Pour les jours et heures d'entrée voir *Musées*.

Corps Législatif. — Chambre des Députés

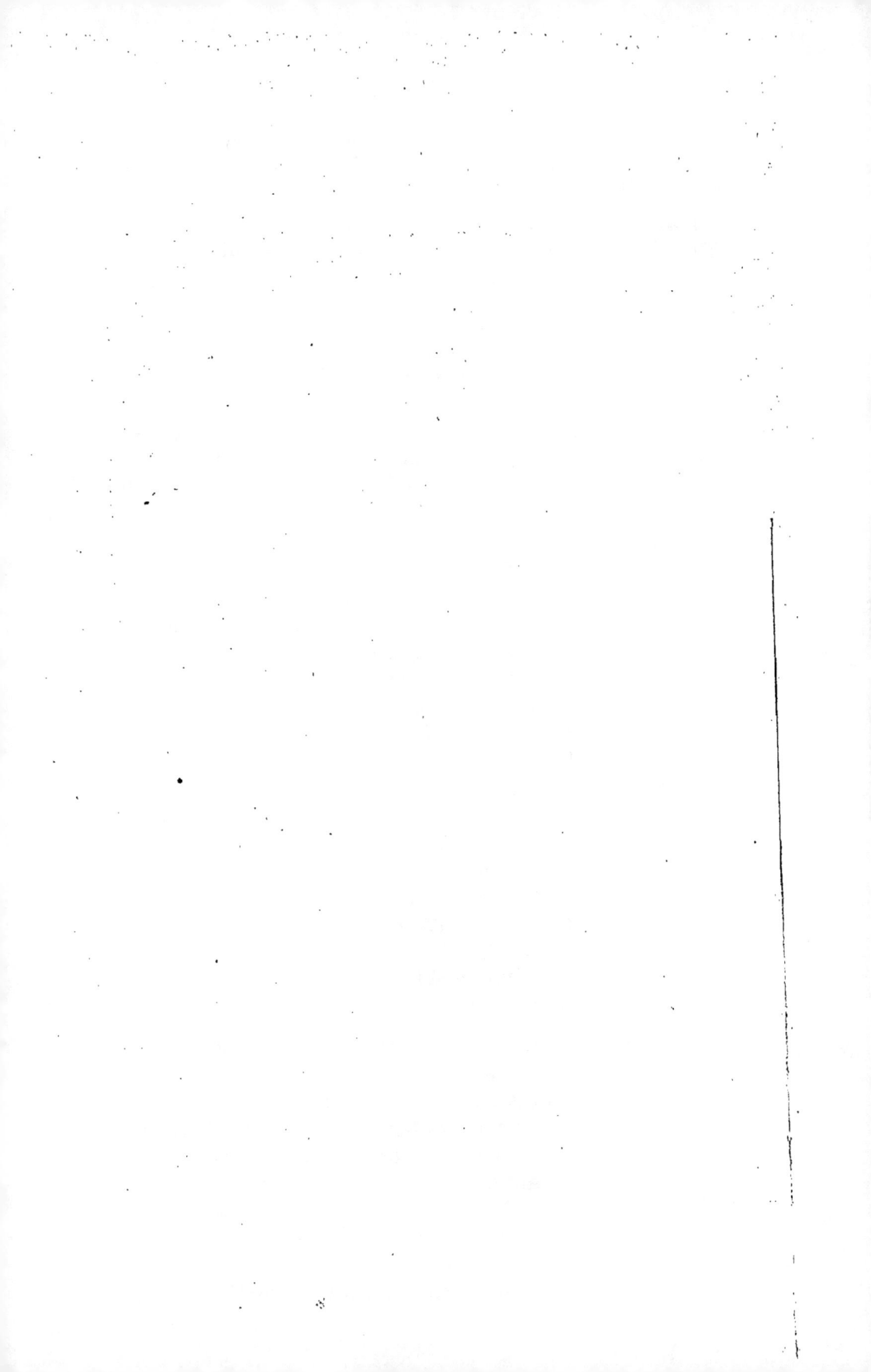

Observatoire, allée de l'Observatoire, derrière le Luxembourg. — Visible le 1er samedi de chaque mois sur autorisation du directeur.

Collège de France, rue des Ecoles. — Cours publics et gratuits tous les jours, du 1er décembre au 31 juillet.

Sorbonne, place de la Sorbonne. — Les amphithéâtres sont ouverts tous les jours aux heures des cours. — L'église est ouverte les dimanches et jours de fêtes toute la journée. En semaine, elle est ouverte le matin jusqu'à 9 heures et l'après-midi jusqu'à 3 heures. — Voir le tombeau de Richelieu.

Tour de Jean sans Peur, rue Tiquetonne et rue Etienne-Marcel. — Seul vestige de l'ancien hôtel de Bourgogne. — Pour visiter, s'adresser à l'architecte du 1er arrondissement, 15, rue Vauvilliers.

Fontaine des Innocents, rue Saint-Denis.
— **Saint-Michel,** place Saint-Michel.
— **Médicis,** jardin du Luxembourg.
— **Grenelle,** rue de Grenelle-Saint-Germain.
— **Molière,** rue Richelieu.
— **Gaillon,** carrefour Gaillon.
— **Saint-Sulpice,** place Saint-Sulpice.
— **Cuvier,** rue Saint-Victor.
— **Notre-Dame,** derrière l'église métropolitaine.
— **de la Victoire,** place du Châtelet.
— **Louvois,** entre les rues Louvois et Rameau.
— **de l'Arbre-Sec,** rue de l'Arbre-Sec.
— **du Gros-Caillou,** rue Saint-Dominique.
— **de l'Observatoire,** avenue de l'Observatoire.
— **de la Place des Vosges.**
— **de la Place de la Concorde.**
— **des Champs-Elysées.**
— **de la Place du Trône.**

Statue de Henri IV, terre-plein du Pont-Neuf.
— **Louis XIII,** place des Vosges.
— **Louis XIV,** place des Victoires.
— **du maréchal Ney,** carrefour de l'Observatoire.
— **du maréchal Moncey,** place Clichy.
— **Jeanne d'Arc,** place des Pyramides.
— **Charlemagne,** square Notre-Dame.
— **la Liberté,** place des Etats-Unis.
— **Voltaire,** square Monge.
— **d'Alexandre Dumas,** place Malesherbes.

Statue de Diderot, place Saint-Germain-des-Prés.
   —   **Bernard Palissy**, square St-Germain-des-Prés.
   —   **Dante**, square du Collège de France.
   —   **d'Etienne Dolet**, place Maubert.
   —   **Ledru–Rollin**, place Voltaire.
   —   **Gambetta**, square du Carousel.
   —   **la République**, place du Château-d'Eau.

Panorama des Champs-Elysées. — Défense de Paris contre les armées allemandes. — Semaine, 2 fr. Dimanches et fêtés, 1 fr.

Panorama Marigny (avenue Marigny). — Semaine, 2 fr. Jeudis, dimanches et fêtes, 1 fr.

Panorama de Neuville-Detaille (5, rue de Berri, Champs-Elysées). — La bataille de Champigny. — Ouvert tous les jours de 10 heures du matin à 11 heures du soir. — Prix d'entrée, 2 fr.

Panorama de la prise de la Bastille (quai d'Austerlitz). — Semaine, de 10 heures à 11 heures, 1 fr. — Dimanches, de 9 heures à 6 heures, 50 centimes.

Musée Grévin (10, boulevard Montmartre). — Galerie des célébrités modernes. Tous les personnages de grandeur naturelle. — Tous les soirs, audition théâtrale par le téléphone. — Prix d'entrée, 2 fr. Dimanches, 1 fr.

Le pavillon de Rohan.

MUSÉES

Musée du Louvre. (Palais du Louvre) — Les nombreuses collections que contient ce palais peuvent se diviser en 17 musées : 1° Musée de sculpture antique. — 2° Musée de sculpture du Moyen-Age et de la Renaissance.— 3° Musée de sculpture moderne française. — 4° Musée de Peinture. — 5° Musée des antiquités Assyriennes. — 6° Musée Egyptien. — 7° Musée des antiquités Egyptiennes. — 8° Musée des antiquités Grecques et Etrusques. — 9° Musée Campana. — 10° Musée des dessins. — 11° Musée des Gravures et de chalcographie. — 12° Musée des émaux et des bijoux. — 13° Musée de la marine. — 14° Musée Ethnographique. — 15° Musée Lacaze. — 16° Musée Sauvageot. — 17° Musée oriental et collection Lenoir. — Les salles sont ouvertes tous les jours, le lundi excepté, de 9 heures à 5 heures.

Musée du Luxembourg (Palais du Luxembourg). — Ce Musée spécialement affecté aux œuvres, peinture et sculpture, des artistes vivants — achats de l'Etat — est aujourd'hui installé dans l'ancienne orangerie agrandie et aménagée à cet effet. — Entrée par la rue de Vaugirard. — Les salles sont ouvertes au public tous les jours, le lundi excepté, de 9 heures à 5 heures.

7

Musée de Cluny et des Thermes (24, rue de Sommerard). — Collection de faïences, armes, meubles, vitraux, bijoux, étoffes, objets de sainteté, etc., datant des siècles précédents. Le musée des thermes renferme une précieuse réunion d'objets Gallo-romains. Le musée est ouvert au public les dimanches et jours de fêtes de 11 heures à 4 heures. Tous les jours de la semaine, lundi excepté, les galeries sont visibles pour les personnes munies de billets, ainsi qu'aux étrangers sur la présentation de leur passeport. Les jardins qui font partie de l'hôtel de Cluny sont ornés de sculptures et débris provenant pour la plupart des anciens édifices de Paris entre autres Saint-Germain des Prés et Notre-Dame. Voir le portail de l'ancienne Eglise Saint-Benoit et trois arcades de l'ancienne abbaye d'Argenteuil xii° siècle.

Musée Historique de la Ville de Paris ou **Carnavalet,** (23, rue Sévigné). — Collection de monuments et d'objets d'art relatifs à l'histoire de Paris. Ce musée possède déjà de nombreuses richesses entre autres des antiquités et objets gallo-romains provenant des fouilles du nouvel Hôtel-Dieu des arènes de la rue Monge et de l'ancienne Eglise Saint-Marcel. — Visible le jeudi et le dimanche de 11 heures à 4 heures. — (Voir bibliothèques.)

Musée d'Artillerie (Hôtel des Invalides). — Collection de toutes les armes offensives et défensives depuis les premiers âges jusqu'à nos jours. — Costumes de guerre. — Drapeaux, etc. — Salles ouvertes au public les dimanche, mardi, jeudi, de midi à 4 heures, 1er février au 31 octobre. — Lundi, mercredi, vendredi, samedi avec permission du Ministre de la guerre. — Pour le dôme et le tombeau de Napoléon Ier, voir Palais des Invalides.

Archives Nationales (60, rue des Francs-Bourgeois). — Ouvert tous les jours de 10 à 3 heures. — Le Musée des Chartres est ouvert le dimanche de midi à 3 heures sur permis du directeur.

Musée du Conservatoire des Arts et Métiers (29, rue Saint-Martin). — Les collections sont visibles au public les dimanche, mardi et lundi, de 10 à 4 heures. — Les étrangers munis de passeports et les personnes ayant des cartes peuvent visiter les autres jours, de 10 à 3 heures, moyennant une rétribution de 1 franc au concierge.

Musée du Conservatoire de Musique (11, faubourg Poissonnière). — Curieuse collection d'instruments de toutes sortes au Conservatoire. — Public, les dimanche et jeudi, de 11 à 4 heures.

Musée de l'Ecole des Beaux-Arts (à l'Ecole des Beaux-Arts, 14, rue Bonaparte). — Musée des Copies ouvert tous les jours, de 10 à 4 heures.

Musée de l'Opéra (Théâtre de l'Opéra). — Public tous les jours, excepté le dimanche, de 11 à 4 heures.

Muséum d'histoire naturelle (au Jardin des Plantes). — Ce musée est composé de plusieurs galeries où sont disposées méthodiquement des collections appartenant aux trois règnes de la nature. Il est précédé d'un vaste jardin dont plusieurs parties sont destinées à l'étude de la botanique et de la culture. Dans les serres chaudes et tempérées sont entretenus les plantes et arbustes des pays chauds. — La ménagerie renferme une magnifique collection d'animaux vivants de tous les climats. — Le jardin est ouvert au public tous les jours et toute la journée. — La ménagerie est publique le jeudi, de 1 à 4 heures. — Les autres jours elle n'est visible qu'aux personnes munies de billets. — Les galeries sont visibles de 11 à 3 heures, jeudi et dimanche au public. — Les mardi, mercredi et samedi, aux personnes munies de billets. — La galerie de Paléontologie n'est visible que le mardi, de 1 à 4 heures avec billet. — Les serres, de 1 à 5 heures, mardi et mercredi. — Samedi avec billet.

Musée de Minéralogie, Géologie et Paléontologie (à l'Ecole des Mines, boulevard Saint-Michel). — Ouvert au public les mardi, jeudi et samedi, de 11 à 3 heures.

Musée Astronomique (à l'Observatoire). — Visible le premier samedi de chaque mois. — Demander par écrit permis au directeur de l'Observatoire.

Musée d'Anatomie ou **Dupuytren** (place de l'Ecole-de-Médecine). — Ouvert tous les jours excepté le dimanche. — Avec autorisation écrite du conservateur.

Musée d'Anatomie comparée ou **Orfila** (place de l'Ecole-de-Médecine). — Ouvert tous les jours, de 1 heure à 4 heures, dimanche excepté.

Musée de la Monnaie (hôtel de la Monnaie, 11, quai Conti). — Les musées des monnaies et des médailles sont ouverts au public les mardi et vendredi, de midi à 3 heures.

On ne peut visiter les ateliers qu'avec un permis du directeur.

NOTA. — La **Bibliothèque Nationale** (58, rue Richelieu), possède un autre musée des médailles et antiques. — Ouvert le mardi de 10 heures 1/2 à 5 heures.

Musée de Sculpture comparée ou **des Moulages** (palais du Trocadéro). — Ouvert au public tous les jours, excepté le lundi, de 11 heures à 4 heures.

Musée du Garde-Meuble (103, quai d'Orsay). — Ce musée renferme les meubles, tentures, tapisseries destinées à la décoration des palais nationaux. — A gauche, dans la cour, un pavillon contient deux salles d'exposition permanente où sont de splendides tapisseries, commodes, bureaux, consoles, secrétaires, pendules, cartels, candélabres, cana-

pés, fauteuils, etc., aux époques Louis XIV, Louis XV, Louis XVI.

Les galeries sont ouvertes au public les jeudi, dimanche et fêtes, de 10 heures à 4 heures.

Musée historique de Versailles. — Ce musée, qui a reçu une destination toute spéciale, renferme une nombreuse collection de tableaux, portraits, statues, bas-reliefs, bustes, médailles, etc., qui consacrent les souvenirs les plus intéressants de l'histoire de France.

Ouvert tous les jours, lundi excepté, de midi à 4 heures.

Musée de Saint-Germain (château de Saint-Germain). — Ce musée contient une collection des antiquités gallo-romaines. Il est ouvert tous les jours.

MANUFACTURES NATIONALES

Manufacture des Gobelins (40, avenue des Gobelins). — Cette manufacture est consacrée à la fabrication des tapisseries de haute lice et à celle des tapis dits de la Savonnerie. Les Gobelins, outre les ateliers de tissage, contiennent un musée ou est visible une collection magnifique des anciennes tapisseries, véritables chefs-d'œuvre, qui ont été fabriquées. Le public est admis à visiter de 1 heure à 3 heures le mercredi et le samedi.

Manufacture de Sèvres (Sèvres). — Cette manufacture a pour objet de maintenir la bonne fabrication de la porcelaine et d'en étendre les progrès en formant des élèves céramistes et en exécutant des ouvrages dignes de servir de modèles.

Elle possède un musée d'une grande richesse dans lequel on a réuni les matières premières, les procédés, les objets fabriqués de tous temps et de tous les pays.

Visible tous les jours de midi à 5 heures.

Eglise de la Trinité.

CULTE CATHOLIQUE

Administration des Cultes : 46, rue de Bellechasse, 46.

EGLISES PAROISSIALES

Annonciation, rue de l'Annonciation, 8.
Madeleine, place de la Madeleine.
Notre-Dame-de-Paris, place du Parvis Notre-Dame.
Notre-Dame-d'Auteuil, place d'Auteuil.
Notre-Dame-de-Bercy, place de la Nativité.
Notre-Dame-de-Bonne-Nouvelle, rue Beauregard, 21.
Notre-Dame-de-Billancourt, rue Ordener,

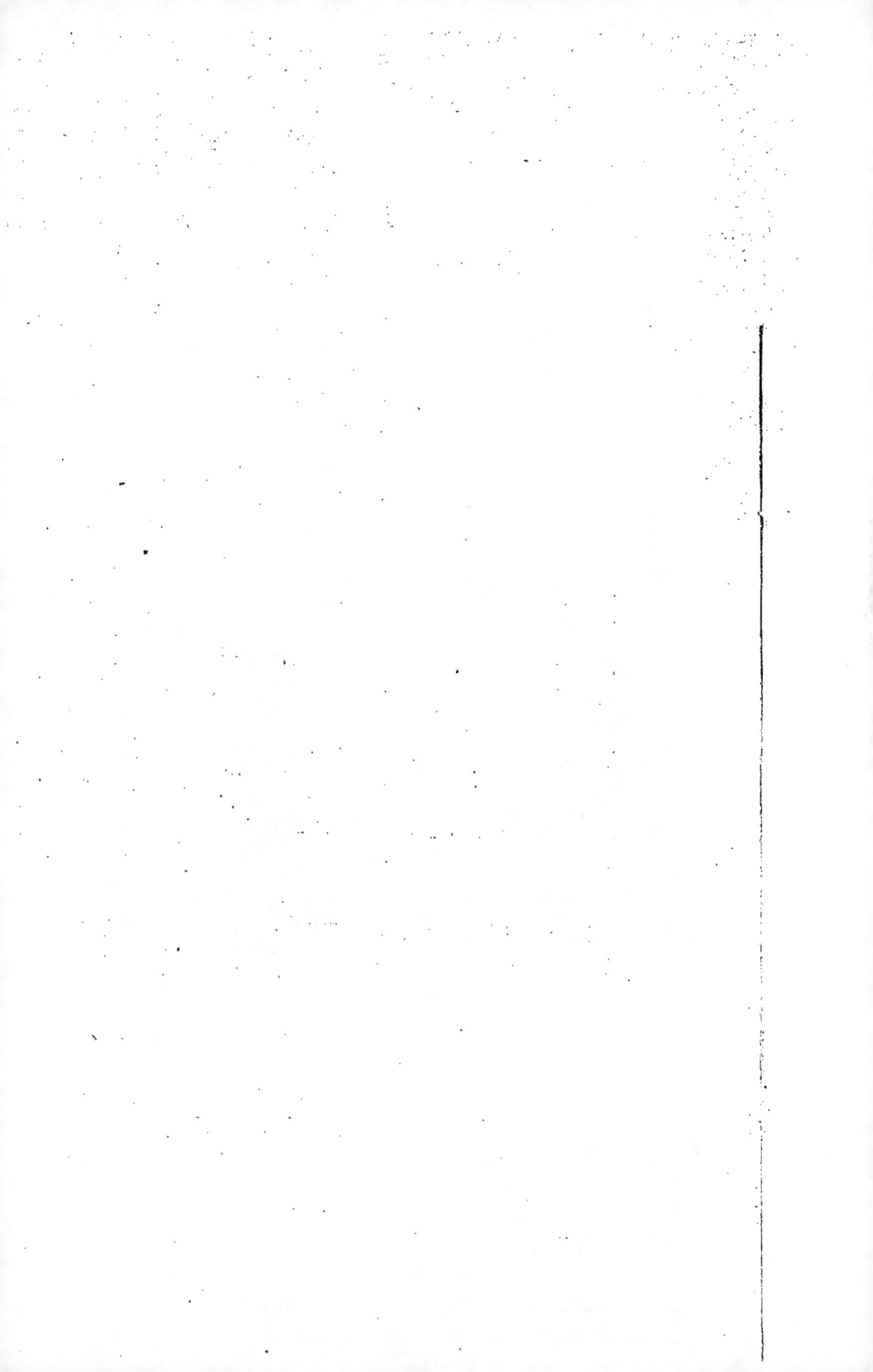

Notre-Dame-de-la-Croix, rue de La Mare, 111.
Notre-Dame-de-la-Gare, place Jeanne-d'Arc.
Notre-Dame-de-Lorette, rue de Chateaudun.
Notre-Dame-de-Plaisance, rue du Texel, 7.
Notre-Dame-des-Blancs-Manteaux, rue des Blancs-Manteaux.
Notre-Dame-des-Champs, boulev. Montparnasse.
Notre-Dame-des-Victoires, place des Petits-Pères.
Saint-Ambroise, rue Saint-Ambroise.

La Madeleine.

Saint-Antoine, rue de Charenton.
Saint-Augustin, boulevard Malesherbes.
Saint-Bernard, rue Affre, 9.
Sainte-Clotilde, place Bellechasse.
Saint-Denis, rue de La Chapelle.
Saint-Denis-du-Saint-Sacrement, rue de Turenne, 68.
Sainte-Elisabeth, rue du Temple, 186.
Saint-Eloi, rue de Reuilly, 36.
Saint-Etienne-du-Mont, place du Panthéon.
Saint-Eugène, rue Sainte-Cécile, 11.

Saint-Eustache, rue du Jour.

Saint-Ferdinand, rue d'Armaillé, 27.

Saint-Paul-Saint-Louis, rue Saint-Antoine, 122.

Saint-Philippe-du-Roule, faubourg Saint-Honoré, 154.

Saint-Pierre de Chaillot, rue de Chaillot, 50.

» » de Montmartre, rue Saint-Rustique.

» » de Montrouge, avenue d'Orléans, 88.

» » du Gros-Caillou, rue Saint-Dominique.

Eglise Saint-Vincent-de-Paul.

Saint-Roch, rue Saint-Honoré, 296.

Saint-Séverin, rue Saint-Séverin, 3.

Saint-Sulpice, place Saint-Sulpice.

Saint-Thomas-d'Aquin, place Saint-Thomas-d'Aquin.

Saint-Vincent-de-Paul, place Lafayette.

Trinité, Square de la Trinité.

Saint-François-Xavier, boulevard des Invalides, 39.

Saint-Germain, place Saint-Blaise.

Saint-Germain-des-Prés, place Saint-Germain-des-Prés.
Saint-Germain-l'Auxerrois, place du Louvre.
Saint-Germain, rue François-Miron.
Saint-Honoré, place d'Eylau.
Saint-Jacques-du-Haut-Pas, rue Saint-Jacques, 232.
Saint-Jean-Baptiste, rue des Entrepreneurs, 32.
Saint-Jean-Baptiste, rue d'Assas, 9.
Saint-Jean-Saint-François, rue Charlot, 6.
Saint-Joseph, rue Corbeau, 26.
Saiut-Lambert, rue Gerbert.
Saint-Laurent, boulevard de Strasbourg.
Saint-Leu, boulevard Sébastopol, 57.
Saint-Louis-d'Antin, rue Caumartin, 63.
Saint-Louis-des-Invalides, Avenue de Tourville.
Saint-Louis-en-l'Ile, rue Saint-Louis-en-l'Ile, 21.
Saint-Marcel, boulevard de l'Hôpital, 8
Sainte-Marie-des-Batignolles, rue des Batignolles.
Saint-Martin, rue des Marais, 36.
Saint-Médard, rue Mouffetard, 141.
Saint-Merry, rue Saint-Martin, 77.
Saint-Michel, rue Saint-Jean.
Saint-Nicolas-des-Champs, rue Saint-Martin, 254.

CULTES NON CATHOLIQUES

Confession d'Augsbourg.

Rédemption, 16, rue Chauchat
Billettes, 18, rue des Billettes.
Oratoire-Saint-Marcel, 19, rue Tournefort.
Oratoire de Montmartre, 43, rue des Poissonniers.
Oratoire de la Maison-Blanche, 22, Avenue d'Italie.
Oratoire de Bon-Secours, 97, rue de Charonne.
Oratoire de la Villette, 93, rue de Crimée.
Oratoire du Gros-Caillou, 19, rue Amélie.
Eglise des Batignolles, 53, rue Dulong.

NOTA. — *Un service scandinave a lieu à la {Rédemption chaque Dimanche, à 3 heures.*

Protestants réformés ou calvinistes.

Agence générale du consistoire, rue de l'Oratoire-du-Louvre, 4.

Oratoire, rue Saint-Honoré, 147.

Saint-Esprit, rue Roquépine, 5.

Chapelle Milton, rue Milton, 5.

Pentemont. rue de Grenelle-Saint-Germain, 106.

Sainte-Marie, rue Saint-Antoine, 216.

Batignolles, boulevard des Batignolles, 46.

Belleville, rue Jullien Lacroix, 97.

Passy, rue des Sablons, 65.

Plaisance, rue de l'Ouest, 95.

La Glacière, rue Maurice-Meyer, 4.

Mentmartre, rue Berthe, 2 *bis*.

L'Etoile, avenue de la Grande-Armée, 54.

Églises libres.

Taitbout, rue de Provence, 42.

Luxembourg, rue de Madame, 59.

Nord, rue des Petits-Hôtels, 17.

Saint-Honoré, rue Royale, 23.

Saint-Maur, rue Saint-Maur, 134 et 136.

Saint-Antoine, avenue Ledru-Rollin, 153.

Etoile, avenue de la Grande-Armée, 74 (en anglais).

Église Méthodiste.

Malesherbes, rue Roquépine, 4 (en allemand).

Les Ternes, rue Demours, 16 (en allemand).

Levallois-Perret, rue Lannois, 39.

Église Baptiste.

Rue de Lille, 48 (en anglais).

Congregational Chapel, rue Royal, 23.

Church of England, avenue Marbeuf, 10 *bis*.

English Church, 5, rue d'Aguesseau.

English Church, r. de Boissy-d'Anglas, 35, cité du Retiro, 7.

Wesleyan Church, rue Roquépine, 4.

Church of Scotland, rue de Rivoli, 160.

American Chapel, rue de Berry, 21. Church Service.

American Episcopal Church, rue Bayard, 17.

Église Anglicane.

Christ Church, boulevard Eugène, 33. et boulevard Bineau, n° 49, *à Neuilly*.

Église catholique gallicane.

Desservie rue d'Assas, 3 (salle d'Arras).

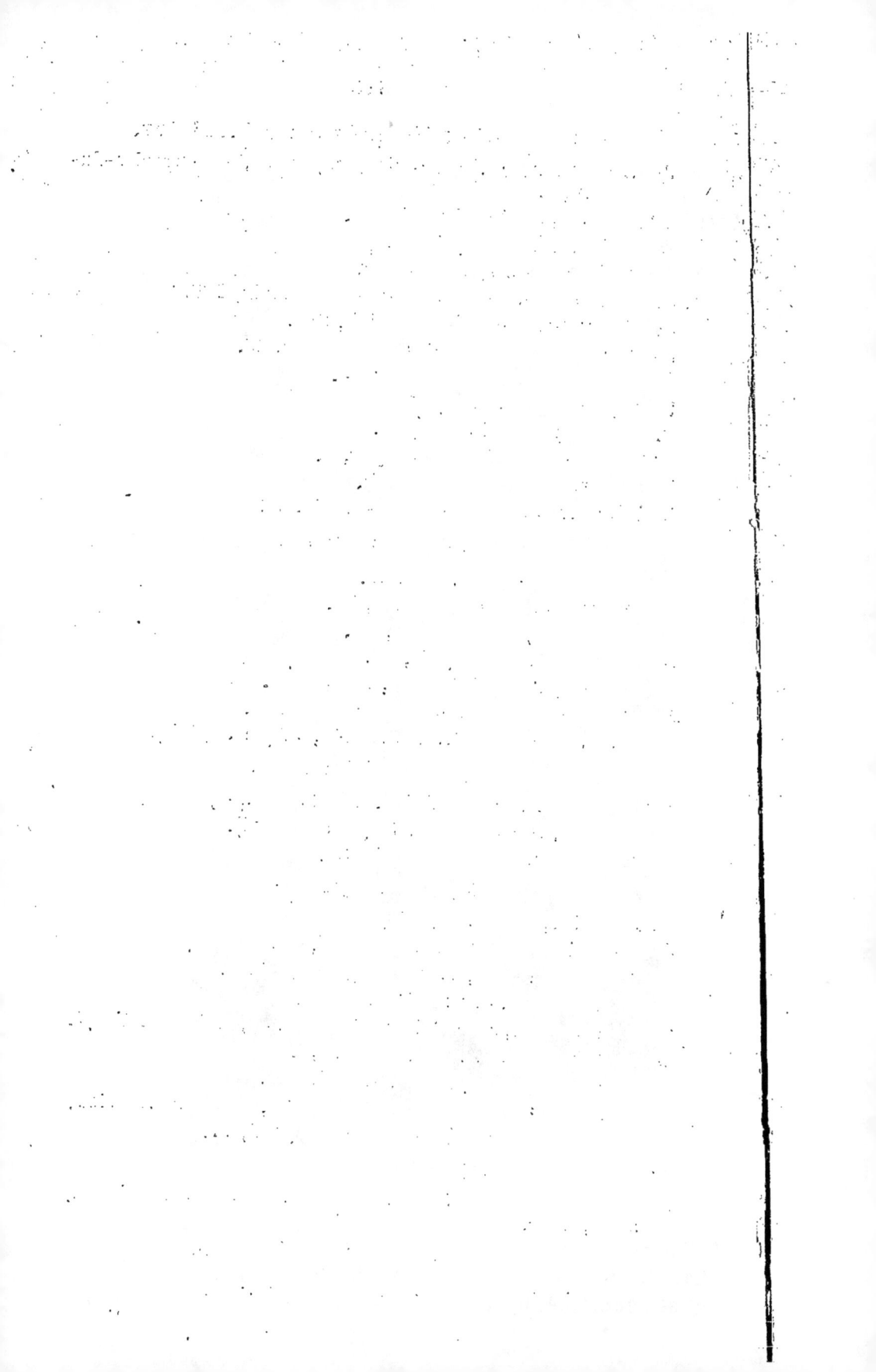

Culte israélite.

Les synagogues du Consistoire de Paris sont rue Notre-Dame-de-Nazareth, r. de la Victoire et r. des Tournelles.

Secrétariat général dans le Temple de la rue de la Victoire ; entrée des bureaux, rue Saint-Georges, 17.

Temple israélite portugais (admin. du), rue de Buffault, 30.

Eglise Russe.

CULTE GREC

Eglise russe, 12, rue Daru.
Chapelle de l'Ambassade de Russie, 79, rue de Grenelle.
Eglise roumaine, 9, rue Jean-de-Beauvais.

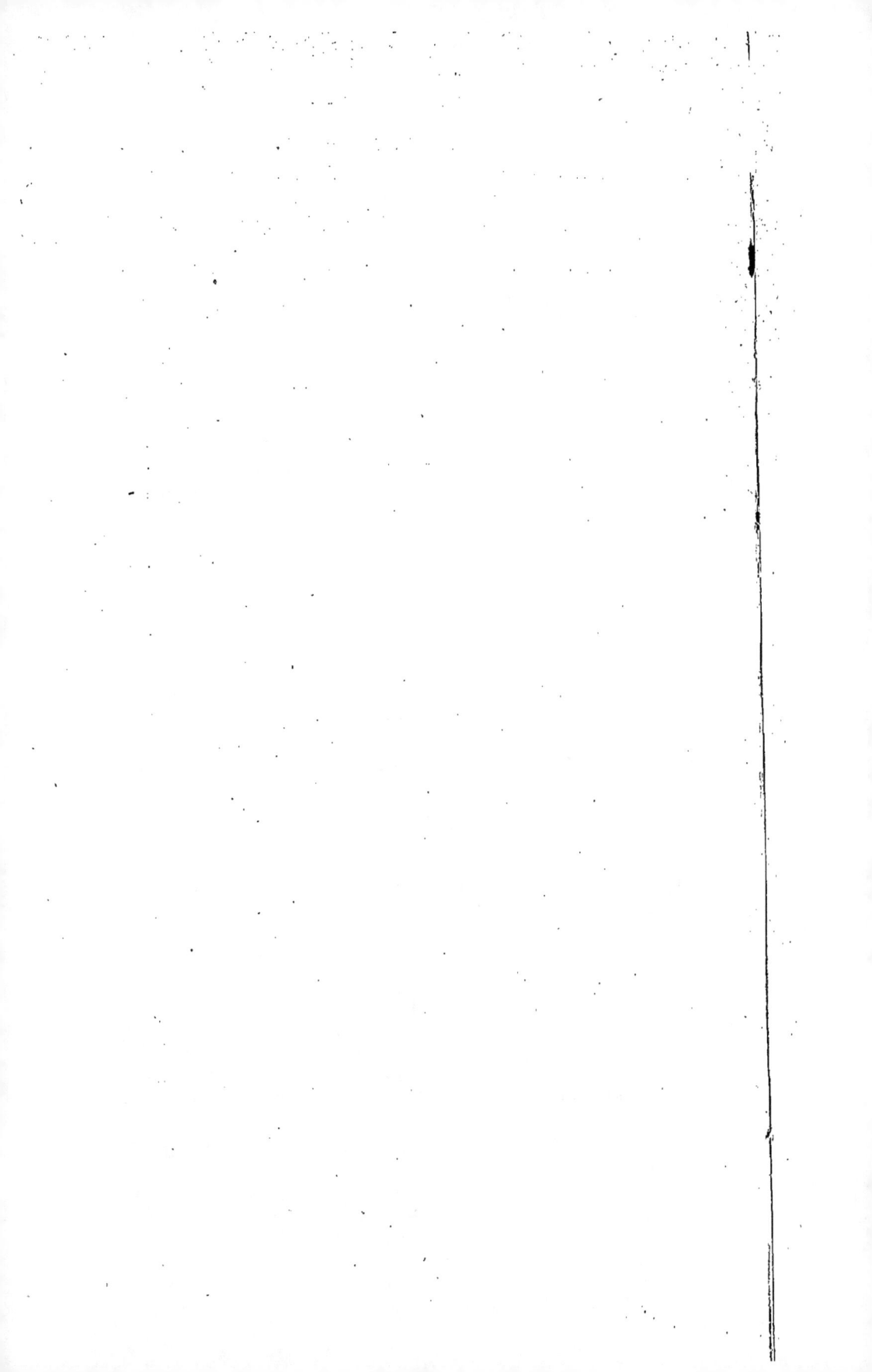

BIBLIOTHÈQUES

Bibliothèque nationale (58, rue Richelieu). — Imprimés, 300,000 ; manuscrits, 100,000 ; estampes, gravures et cartes, 250,000 ; médailles, 120,000. — Département des imprimés : Salle publique ouverte tous les jours de 10 h. à 4 h., même le dimanche. — Dans les autres départements, salles ouvertes pour les personnes munies de cartes, tous les jours de 10 à 4 h., dimanches et fêtes exceptés. — Le public est admis à visiter sans cartes, le mardi et le vendredi, de 10 à 4 h., les salles d'exposition et le cabinet des médailles.

Bibliothèque Sainte-Geneviève (place du Panthéon). — Imprimés, 160,000 ; manuscrits, 3,000. — Ouverte tous les jours de 10 à 3 h., et le soir de 6 à 10 h. — Fermée dimanches et fêtes.

Bibliothèque Mazarine (palais de l'Institut, quai Conti, 23). — Volumes, 300,000 ; manuscrits, 5,800. — Collection des manuscrits pélasgiques de l'Italie, la Grèce et l'Asie-Mineure. 80 modèles en relief. — La bibliothèque est ouverte tous les jours de 11 à 5 h.

Bibliothèque de l'Arsenal (1, rue Sully). — 350,000 volumes, 8,000 manuscrits. — Ouverte de 10 à 3 h. tous les jours non fériés.

Bibliothèque de l'Université de France (à la Sorbonne). — 150,000 volumes. — Ouverte tous les jours de 10 à 3 h., et de 7 à 10 h. du soir pour les boursiers des facultés des sciences et des lettres.

Bibliothèque historique de la ville de Paris (hôtel Carnavalet, 23, rue Sévigné). — Bibliothèque contenant 60,000 volumes et 40,000 estampes et plans anciens spécialement relatifs à l'histoire de Paris. — Ouverte tous les jours non fériés de 10 à 4 h. et jusqu'à 5 h. en été. — (Voir Musées.)

Bibliothèque de l'École spéciale des beaux-arts (14, rue Bonaparte). — Cette bibliothèque possède 15,000 volumes relatifs aux beaux-arts, 12,000 dessins d'architecture et plusieurs centaines de mille gravures ou photographies. — Ouverte tous les jours de midi à 5 h. en été, en hiver de 7 1/2 à 10 h. du soir.

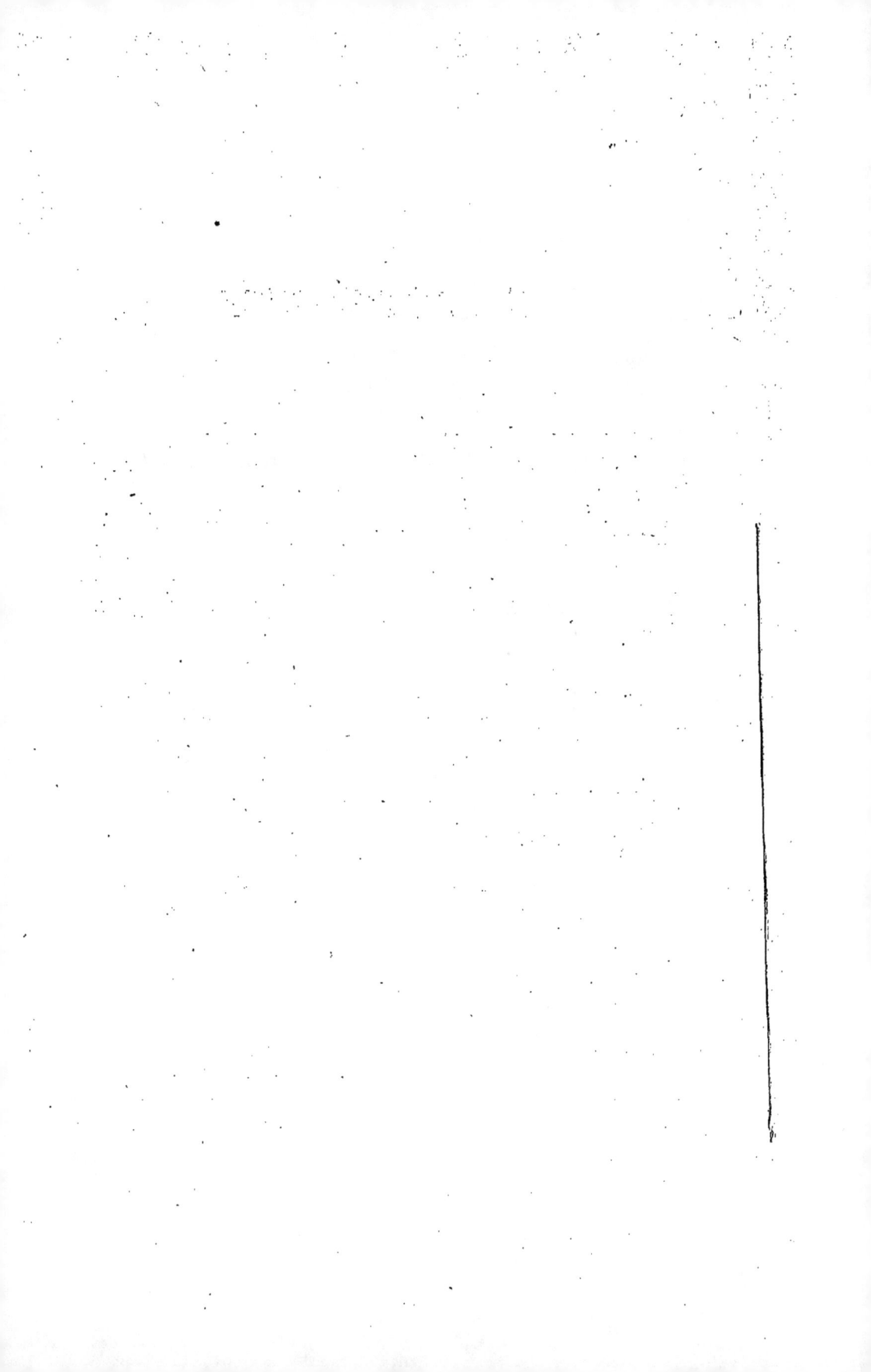

Bibliothèque des Archives (60, rue des Francs-Bourgeois). — Ouverte le dimanche de midi à 3 h.

Bibliothèque du Conservatoire de musique (rue du Faubourg-Poissonnière). — Tous les jours de 10 à 4 h., dimanches et fêtes exceptés. — (Voir **Musées**).

Bibliothèque du Conservatoire des arts-et-Métiers (rue Saint-Martin). — Ouverte tous les jours de 10 à 3 h., lundi excepté, et le soir de 7 1/2 à 10 h., dimanches et lundis exceptés. — (Voir **Musées**).

Bibliothèque de l'Opéra (à l'Opéra, entrée par la rue Auber). — Ouverte tous les jours non fériés de 1 à 4 h. — (Voir **Musées**).

Bibliothèque de l'Ecole de droit à la Faculté (place du Panthéon). — Ouverte aux élèves de l'Ecole de 10 à 3 h.

Bibliothèque du Museum d'histoire naturelle (au Jardin des Plantes). — Ouverte tous les jours, dimanche excepté, de 1 à 4 h. — (Voir **Musées**).

Bibliothèque de la Chambre de commerce (place de la Bourse). — Ouverte tous les jours, de 10 à 3 h., excepté le dimanche.

Bibliothèque de l'Ecole des mines (boulevard Saint-Michel, 60 et 62). — Tous les jours de 11 à 5 h. excepté le dimanche.

Bibliothèque du protestantisme français (16, place Vendôme). — Ouverte au public le lundi et le jeudi de 1 à 5 h.

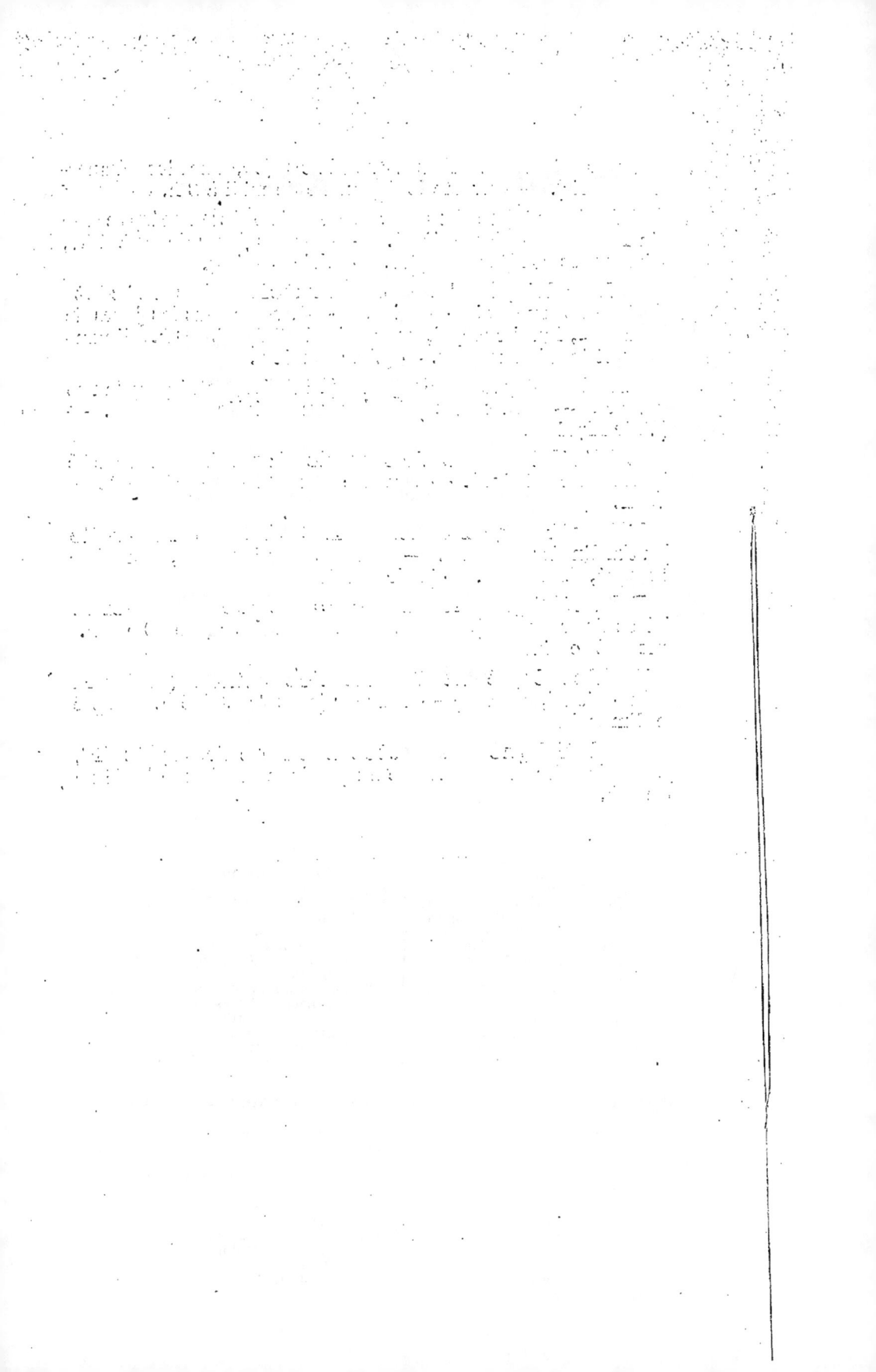

OMNIBUS ET TRAMWAYS

Prix des places. — Places d'intérieur et de plate-forme : 30 centimes par personne ; — places d'impériale : 15 centimes.

Les sous-officiers et soldats en uniforme ont droit aux places d'intérieur et de plate-forme en payant 15 centimes, avec correspondance.

Les enfants au-dessus de quatre ans payent place entière. Les enfants au-dessous de cet âge sont tenus sur les genoux des personnes qui les accompagnent, à moins que leur place ne soit payée.

Correspondance. — Tout voyageur voulant profiter de la correspondance doit :

1º En payant sa place, réclamer au conducteur un billet de correspondance ;

2º En descendant de voiture, entrer tout de suite dans le bureau de station, et réclamer au contrôleur un cachet de reconnaissance portant un numéro d'ordre :

Dans le cas où la voiture en correspondance doit être prise devant un autre bureau, s'y rendre tout de suite et opérer de la même manière ;

3º A l'appel de son numéro d'ordre, se présenter et monter en voiture, après avoir remis le billet au conducteur

Le tout sous peine de perdre son droit à la correspondance, qui n'est pas garantie : la restitution du prix payé ne peut être exigée lorsqu'il n'y a pas de place dans les voitures correspondantes.

Lignes d'Omnibus et de Tramways

Les lignes d'omnibus sont désignées par des lettres, et les tramways par des numéros.

Lignes d'Omnibus.

A. Auteuil — Madeleine.
B. Trocadéro — Gare de l'Est.
C. Porte Maillot — Hôtel-de-Ville.
D. Ternes — Calvaire.
E. Madeleine — Bastille.
F. Place Wagram — Bastille.
G. Batignolles — Jardin des Plantes.
H. Clichy — Odéon.
I. Place Pigalle — Halle aux Vins.
J. Montmartre — Place St-Jacques.
K. Gare du Nord — Boul. St-Marcel.
L. La Villette — Saint-Sulpice.
M. Belleville — Arts-et-Métiers.
N. Belleville — Louvre.
O. Ménilmontant — Gare Montparnasse
P. Charonne — Place d'Italie.
Q. Plaisance — Hôtel-de-Ville.
R. Gare de Lyon — St-Philippe du Roule.

S. Barrière Charenton — Place de la République.
T. Gare d'Orléans — Square Montholon.
U. Parc Montsouris — Place de la République.
V. Maine — Gare du Nord.
X. Vaugirard — Gare St-Lazare.
Y. Grenelle — Porte St-Martin.
Z. Grenelle — Bastille.
AB. Passy — Bourse.
AC. Petite-Villette — Champs-Elysées.
AD. Place de la République — Ecole Militaire.
AE. Forges d'Ivry — Pont St-Michel.
AF. Panthéon — Place de Courcelles.
AG. Porte de Versailles — Louvre.
AH. Auteuil — Saint-Sulpice.
AI. Gare St-Lazare — Place St-Michel.
AJ. Parc Monceau — La Villette.

Lignes de Tramways de la Compagnie des Omnibus.

1. Saint-Cloud — Louvre (A).
2. Louvre — Sèvres (B).
3. Louvre — Vincennes (C).
4. Etoile — La Villette (D).
5. La Villette — Place de la Nation (E).
6. Cours de Vincennes — Louvre (F).
7. Montrouge — Gare de l'Est (G).
8. La Chapelle — Square Monge (H).
9. Cimetière St Ouen — Bastille (I).
10. Louvre — Passy (J).
11. Louvre — Charenton (K).

12. Bastille — Pont de l'Alma (L).
13. Gare de Lyon — Pont de l'Alma (M).
14. La Muette — Rue Taitbout (N).
15. Auteuil — Boulogne (O).
16. Trocadéro — La Villette (P).
17. Porte d'Ivry — Halles (Q).
18. Versailles — Louvre (AB).
19. Eglise de Boulogne — Pont de Billancourt (R).
20. Pont de Charenton — Créteil (S).

Omnibus et Tramways

(Suite)

Lignes des Tramways-Sud.

25. St-Germain-des-Prés — Fontenay.
26. Etoile — Gare Montparnasse.
27. Gare Montparnasse — Bastille.
28. Place Valhubert — Villejuif.
29. St-Germain-des-Prés — Clamart.
30. Place de la Nation — Montreuil.

31. Bastille — Charenton.
32. Place de la Nation — Place Va- lhubert.
33. Square Cluny — Ivry.
34. Square Cluny — Vitry.
35. Vanves — Avenue d'Antin.

Lignes des Tramways-Nord.

51. Etoile — Courbevoie.
52. La Madeleine — Parc de Neuilly.
53. La Madeleine — Levallois.
54. Boul. Haussmann — Asnières.
55. Rue Lafayette — St-Denis.
56. Boul. Haussmann — St-Denis.

57. Boul. Haussmann — St-Ouen.
58. La Madeleine — Suresnes.
59. Place de la République — Auber- villiers.
60. Place de la République — Pantin.

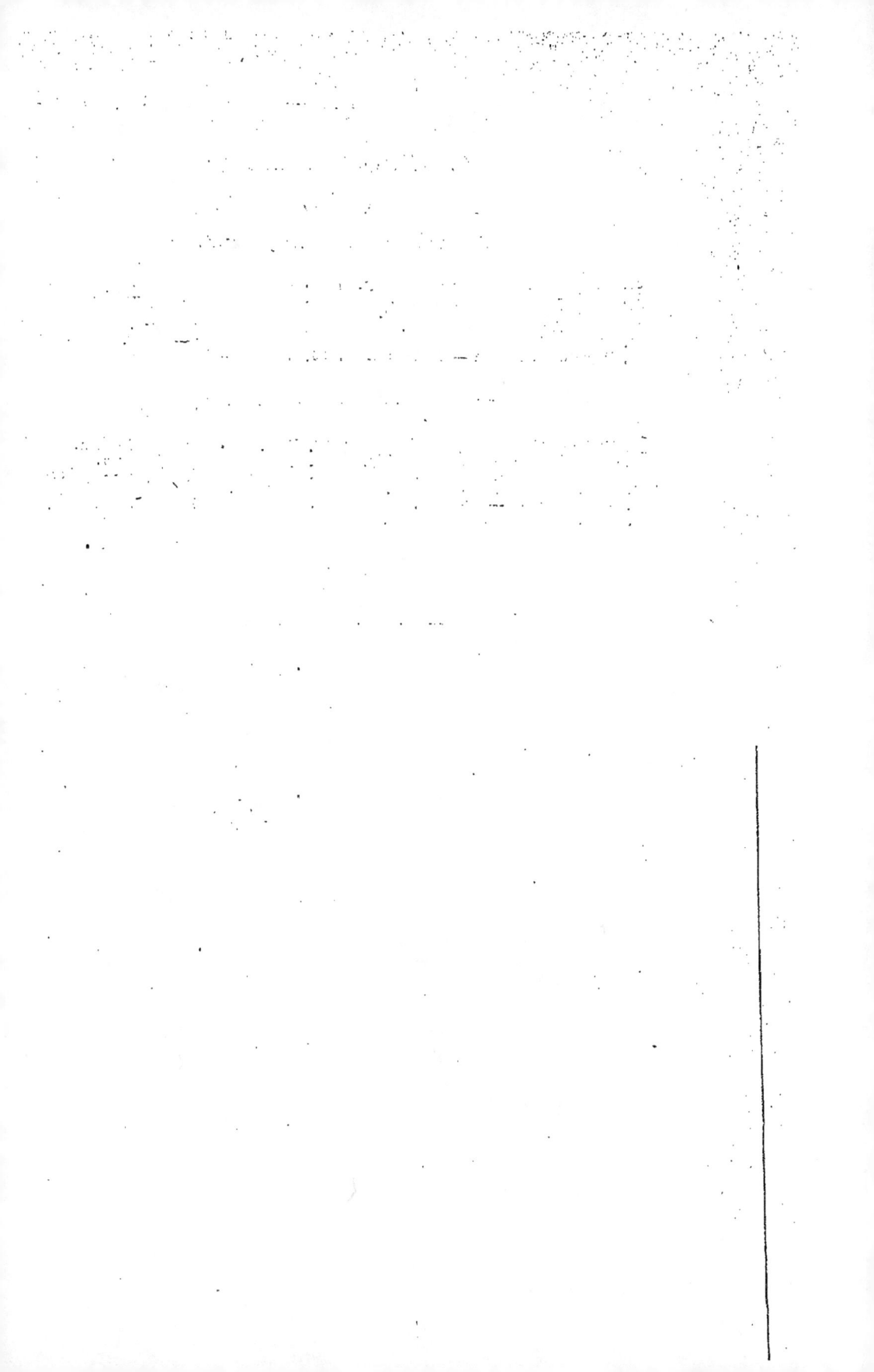

VOITURES DE PLACE & DE REMISE

Bagages.

Par sa lettre du 6 mars 1863, M. le préfet de police fait connaître ce qui suit : « Il sera bien entendu, à l'avenir, que les malles en bois, les lourdes caisses, les meubles et objets divers en fer ou autre métal, et que le voyageur ne pourra porter à la main, seront soumis à la taxe, *bien qu'ils puissent être placés à l'intérieur des voitures.*

Objets oubliés dans les voitures.

Les voyageurs qui ont oublié quelques objets dans les voitures peuvent les réclamer le surlendemain, à la préfecture de police, au bureau des objets trouvés dans les voitures publiques, de 10 heures à 2 heures.

Extrait de l'ordonnance sur les voitures de place.

ART. 17. — Il est enjoint à tout cocher d'offrir une carte indicative du numéro et du tarif de sa voiture à la personne qui vient d'y monter.

Lorsque plusieurs personnes à la fois prendront la même voiture, le cocher ne sera tenu de remettre qu'une seule carte.

La remise des cartes devra avoir lieu avant la fermeture de la portière.

ART. 18. — Il est défendu aux cochers d'admettre plus de voyageurs qu'il n'y aura de places indiquées à l'intérieur des voitures.

Deux enfants de dix ans au plus pourront toujours remplacer une personne.

Un enfant au-dessous de cinq ans ne comptera pas pour une personne.

ART. 19. — Les cochers ne seront pas tenus de recevoir dans leurs voitures des voyageurs en état d'ivresse, ni d'y laisser monter des animaux.

ART. 20. — A l'exception des apprentis-cochers, porteurs de notre autorisation, les cochers ne laisseront monter personne sur leur siége sans l'agrément des voyageurs.

Dans aucun cas, les cochers ne laisseront monter qui que ce soit sur l'impériale.

Il est défendu de laisser aucun individu se suspendre aux voitures où s'y tenir extérieurement, de quelque manière que ce soit.

ART. 23. — ... Les cochers devront marcher à toute réquisition, quel que soit le rang que leurs voitures occuperont sur la station.

ART. 34. — .... Lorsqu'un cocher, ayant sa voiture libre, sera rencontré sur un point quelconque de la voie pu-

blique par des personnes qui voudront faire usage de cette
voiture, il devra marcher à la réquisition, et au prix des tarifs
déterminés par nous.

Extrait de l'Arrêté préfectoral du 24 mai 1866.

§ 1er. — Les cochers sont tenus de se rendre au domicile
du voyageur. Lorsque le temps employé pour leur déplacement et l'attente du voyageur excède 15 minutes, le tarif à
l'heure est appliqué à partir du moment où la voiture a été
louée.

§ 2. — Lorsqu'un cocher s'est rendu à domicile et n'est pas
employé, il lui est payé la moitié du prix d'une course ordinaire, si le temps employé pour le déplacement et l'attente
ne dépasse pas un quart d'heure, et le prix entier d'une
course, si le temps excède un quart d'heure.

§ 3. — Les cochers loués à la course ont le droit de suivre
là voie là plus courte ou la plus facile; ils ne peuvent prétendre qu'au prix de la course lorsque, sans s'écarter de l'itinéraire, ils sont requis de déposer, pendant le trajet, un ou
plusieurs voyageurs; ils ont droit au prix de l'heure, lorsque
ces derniers font décharger des colis placés à l'extérieur de
la voiture, ou lorsque, ayant été loués pour une course, les
cochers sont requis de changer l'itinéraire le plus direct pour
se rendre à destination.

§ 4. — Les cochers loués à l'heure doivent suivre l'itinéraire indiqué par le voyageur.

§ 5. — Les cochers loués à la course et les cochers loués
à l'heure (sauf les cas où ces derniers sont requis d'aller au
pas) doivent faire marcher leurs chevaux de manière à leur
faire parcourir 8 kilomètres à l'heure pour les voitures de
place, et 10 kilomètres pour les voitures de remise.

§ 7. — Les cochers pris à la course ou à l'heure, avant minuit 30 minutes, qui arrivent à destination après cette heure,
n'ont droit qu'au prix fixé pour le jour, pour la course et pour
la première heure.

Les cochers pris à la course ou à l'heure, avant 6 heures
du matin en été, et 7 heures en hiver, ont droit au tarif de
nuit, pour la course et la première heure, quand bien même
ils arriveraient à destination après ces heures.

§ 8. — De 6 heures du matin à 10 heures du soir en hiver,
et minuit en été, les cochers ne seront tenus de franchir les
fortifications, pour conduire des voyageurs dans le Bois de
Boulogne et de Vincennes ou dans les communes contiguës à
Paris, qu'autant qu'ils auront été pris à l'heure.

Ils ne seront pas tenus de franchir les fortifications après
10 heures du soir en hiver et minuit en été, ni de conduire
les voyageurs dans les communes dont le territoire n'est pas
contigu à Paris.

Le transport dans les communes non contiguës à Paris, de
même que le transport dans les autres, après 10 heures du
soir en hiver et minuit en été, est réglé de gré à gré.

(Les communes dont le territoire est contigu à Paris sont : *Charenton, les Prés-Saint-Gervais, Saint-Mandé, Montreuil, Bagnolet, Les Lilas, Romainville, Pantin, Aubervilliers, Saint-Ouen, Saint-Denis, Clichy, Levallois-Perret, Neuilly, Boulogne, Issy, Vanves, Montrouge, Arcueil, Gentilly, Ivry et Vincennes.*)

Tout cocher qui sera pris avant 10 heures du soir en hiver et minuit en été, pour se rendre soit dans les bois de Vincennes ou de Boulogne, soit dans les communes dont le territoire est contigu à Paris, ne pourra exiger, lors même qu'il arriverait à destination après 10 heures ou minuit suivant la saison, un salaire plus élevé que celui qui résulte du tarif du jour.

§ 9. — Lorsque les chevaux ont été employés par le même voyageur à l'extérieur pendant deux heures, sans aucun repos, le cocher peut les faire reposer pendant 20 minutes. Ce temps de repos est à la charge du voyageur.

§ 10. — Lorsqu'un cocher est loué en dehors des fortifications, à destination de Paris, il n'a droit qu'au prix du tarif de l'heure dans l'intérieur de Paris.

§ 11. — Lorsqu'un cocher est loué à l'intérieur de Paris, pour conduire directement dans l une des communes dont le territoire est contigu aux fortifications, le tarif de l'extérieur lui est dû à partir de la location.

Lorsqu'un voyageur, après avoir employé une voiture à l'heure ou à la course dans l'intérieur de Paris, se fait conduire hors des fortifications, le temps employé dans Paris lui est compté suivant le tarif de l'intérieur ; le temps employé au delà des fortifications est payé suivant le tarif de l'extérieur.

§ 12. — Tous les colis que le voyageur fait placer sur l'impériale des voitures ou le siège du cocher, quels que soient leur nature ou leur volume, seront assujettis à la taxe fixée d'autre part.

Couleur des lanternes

On reconnaît, le soir, les voitures des différents quartiers aux couleurs des lanternes :

LANTERNES BLEUES : Popincourt. — Belleville.
— JAUNES : Poissonnière. — Montmartre.
— ROUGES : Champs-Élysées. — Passy. — Batignolles.
— VERTES : Invalides. — Observatoire.

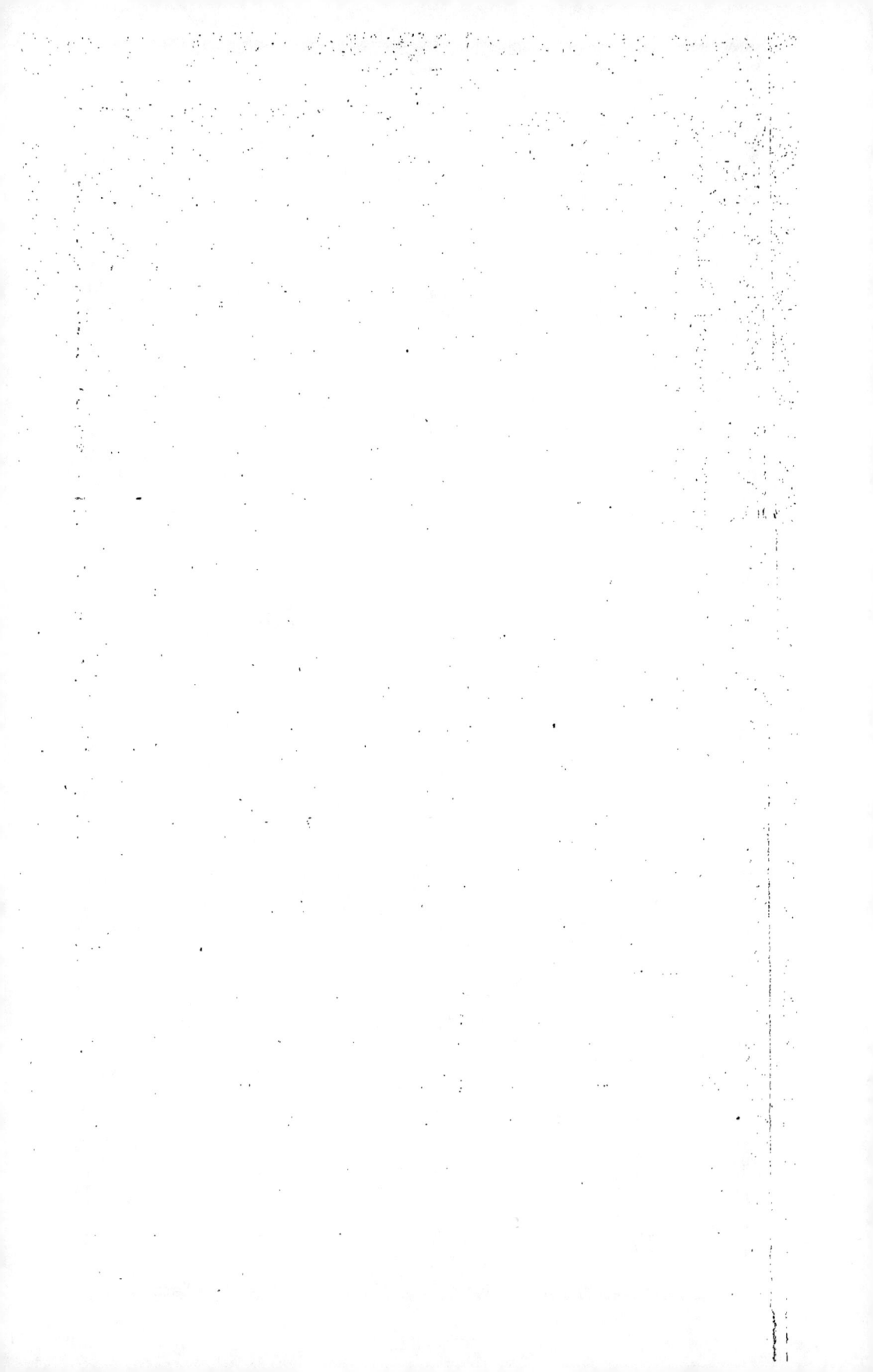

TARIF DES VOITURES DE PLACE ET DE REMISE DANS PARIS

	INTÉRIEUR DE PARIS		BOIS de BOULOGNE et de VINCENNES	COMMUNES contiguës à PARIS
	de 6 h. matin à minuit 30, en été, de 7 h. matin à minuit en hiver.	de 7 h. matin à 6 h. matin en été, en hiver.	de 6 h. matin à minuit en été, en hiver.	
1° A LA COURSE				
VOITURES PRISES SUR LA VOIE PUBLIQUE ou dans les gares de chemins de fer	—(1)—	(1)	—(1)—	—(1)—
A *deux* places.	1 50	2 25	2 50	2 50
A *quatre* places, avec ou sans galerie.	2 »	2 50	2 75	2 75
Landaus à *quatre* places et voitures à *six* places.	2 50	3 »	3 »	3 »
VOITURES PRISES AU REMISAGE				
A *deux* places.	1 80	3 »	3 »	3 »
A *quatre* places, avec ou sans galerie.	2 25	3 »	3 »	3 »
Landaus à *quatre* places et voitures à *six* places.	2 50	3 »	3 »	3 »
2° A L'HEURE (2)				
VOITURES PRISES SUR LA VOIE PUBLIQUE ou dans les gares de chemins de fer				
A *deux* places.	2 »	2 50	2 50	2 »
A *quatre* places, avec ou sans galerie.	2 50	2 75	2 75	2 »
Indemnité de retour, quand les voyageurs quitteront la voiture hors des fortifications.				
Landaus à *quatre* places et voitures à *six* places.	3 »	3 50	3 50	3 50
Indemnité de retour, quand les voyageurs quitteront les voitures à *six* places.				
Landaus de retour, quand les voitures à *six* places ou les landaus hors des fortifications.				
VOITURES PRISES AU REMISAGE				
A *deux* places.	2 25	3 »	3 »	2 »
A *quatre* places, avec ou sans galerie.	2 75	3 »	3 »	2 »
Landaus à *quatre* places et voitures à *six* places.	3 »	3 50	3 50	2 »
Indemnité de retour, quand les voyageurs quitteront la voiture, quelle qu'elle soit, hors des fortifications.				

TARIF

Des voitures prises *en dehors des fortifications à destination de Paris :*

L'heure. Deux places.	2 25
Quatre places.	2 75
Landaus et voitures à *six* places.	3 »

BAGAGES

1 colis,	0 25
2 colis,	0 50
3 colis et au-dessus,	0 75

Les cochers sont tenus d'en effectuer le chargement et le déchargement.

Ne sont pas regardés comme colis et doivent être transportés gratuitement : les cartons, sacs de voyage, valises, parapluies, cannes, épées, et généralement tous les objets que le voyageur peut porter à la main ou tenir dans l'intérieur de la voiture sans la détériorer.

(1) La saison d'hiver commence le 1er octobre et finit le 31 mars.

(2) La première heure est due intégralement, lors même quelle ne serait pas entièrement écoulée. Le temps excédant la première heure est payé proportionnellement à sa durée.

Dans aucun cas, les cochers ne pourront exiger de pourboire.

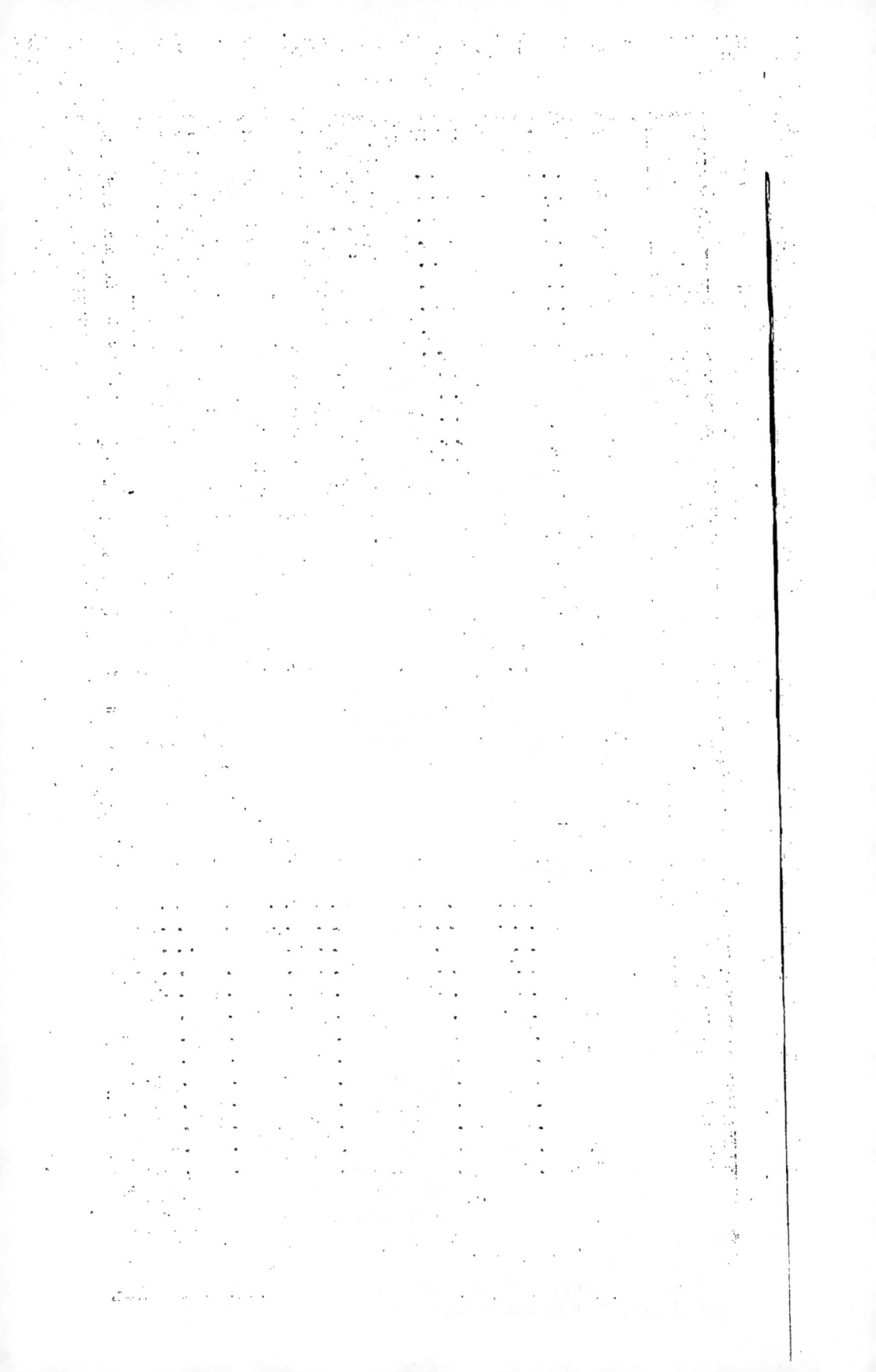

BATEAUX A VAPEUR OMNIBUS

Siège de l'Exploitation : Avenue de Versailles, 125, Paris

Service de Paris

Stations du pont de Bercy au quai d'Auteuil

Pont de Bercy....... R. D. | Pont de la Concorde.. R. D.
Pont d'Austerlitz.... R. G. | Pont des Invalides... R. D.
Pont de Sully........ R. D. | Pont de l'Alma...... R. D.
Pont de la Tournelle. R. G. | Pont d'Iéna......... R. G.
Quai de Grève (H.-de-Ville). | Quai de Passy....... R. D.
Le Châtelet......... R. D. | Pont de Grenelle.... R. D.
Pont Saints-Pères... R. G. | Quai de Javel....... R. G.
Pont Royal......... R. D. | Auteuil............ R. D.

Prix des places : Semaine, 10 centimes. — Dimanches et fêtes, 20 centimes.

Les enfants âgés de moins de 3 ans et portés sur les bras ne payent pas. — Les sous-officiers et soldats en uniforme ne paient que 0.15 cent. les dimanches et les jours de fête.

Sont considérés comme jours de fête : *le 1er Janvier, le Mardi-Gras, la Mi-Carême, le lundi de Pâques, l'Ascension, le lundi de la Pentecôte, le 14 Juillet, l'Assomption, la Toussaint et Noël.*

Service de la Banlieue

Stations du pont de Charenton au pont d'Austerlitz

Charenton (Marne). | Pont National.
Alfort-Ville (Marne). | Quai de la Gare.
Carrières (Seine). | Pont de Bercy.
Ivry (Seine). | Pont d'Austerlitz.
Magasins Généraux. |

Prix des places : Semaine, 10 centimes. — Dimanches et fêtes, 15 centimes.

NOTA. — La communication entre les services de la traversée de Paris et de Charenton, a lieu à la station du pont d'Austerlitz ou du pont de Bercy.

Les dimanches et jours de fêtes, les voyageurs venant de Paris à destination du quai de la gare et du pont national, auront la faculté, moyennant 0.25 cent., de réclamer un bulletin de correspondance, qui lui lui donnera droit de se rendre à leur destination sans supplément de prix, mais en changeant de bateau au pont de Bercy.

Tous les jours indistinctement, les sous-officiers et soldats jouiront de la même faculté en payant 0 fr. 15 cent.

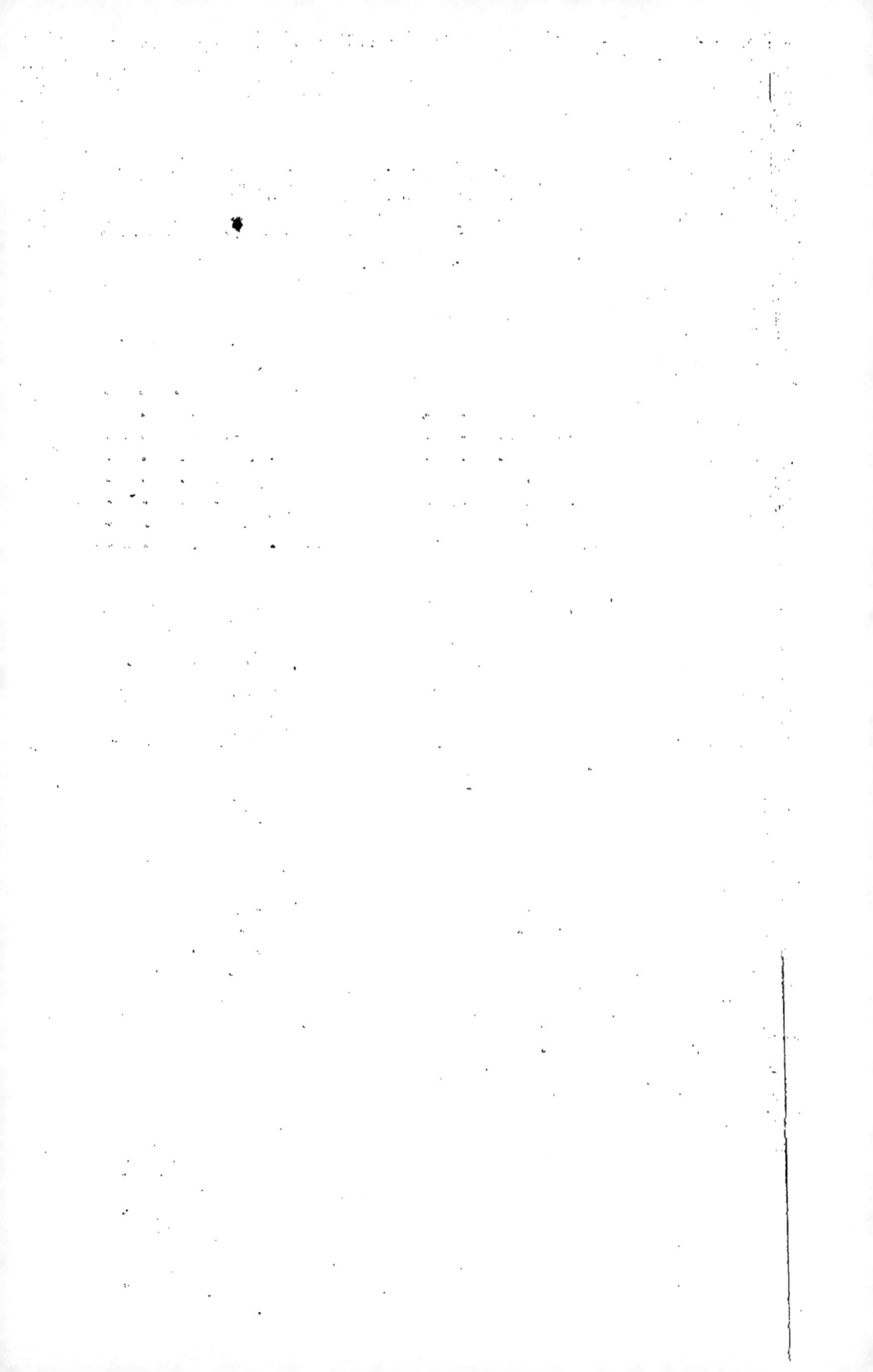

Stations des Tuileries à Suresnes

Tuileries.
Pont de la Concorde.
— l'Alma.
— de Passy.
— d'Auteuil. P.-du-J.

Billancourt.
Meudon. — Bas-Meudon.
Sèvres.
Saint-Cloud.
Suresnes.

Prix des places : Semaine, 30 centimes. — Dimanches et fêtes, 50 centimes.

Les *Bateaux-Express* ont aussi un service qui va du Pont-Royal à Asnières, et du Pont-Royal à Neuilly-sur-Marne et Lagny.

Du 1er mai à fin septembre. *Excursions sur les bords de la Seine* par le bateau à vapeur *LE TOURISTE ;* voyages de *Paris à Saint-Germain.*

PARIS A SAINT-GERMAIN

Départ du Pont-Royal (Quai d'Orsay, rive gauche). Tous les jours à dix heures et demie du matin. — Prix des places: billet simple, **3** fr.; aller et retour, **4** fr. **50.** — Les enfants de 5 à 10 ans payent demi-place. — De Saint-Germain à Paris et sur le parcours. Prix unique, **2** francs.

Déjeuner à la carte à **4** et à **6** francs.

Dîner à la carte à **5** et à **7** francs.

Vue de l'Hôtel des Postes.

POSTES & TÉLÉGRAPHES

Valeurs mises à la disposition du Public dans tous les Bureaux de poste.

1° **Timbres-poste** à 1 c., 2 c., 3 c., 4 c., 5 c., 10 c., 20 c., 25 c., 30 c., 35 c., 40 c., 75 c., 1 fr. et 5 fr. (l'emploi sciemment fait d'un timbre-poste ayant déjà servi constitue un délit passible d'une amende de 50 à 1,000 fr.). — 2° **Cartes postales** à **10** c. (carte simple), à **20** c. (carte avec réponse payée). — 3° **Cartes-lettres** : pour la France, **15** c. ; pour l'étranger, 25 c. — 4° **Enveloppes timbrées** : pour lettres (3 formats) à **16** c., pour cartes de visite à **5** c. 1/2. — 5° **Bandes timbrées** à **1** c. 1/3, **2** c. 1/3 et **3** c. 1/3.

NOTA. — Les cartes postales, les cartes-lettres et les enveloppes timbrées qui n'ont pas servi, mises hors d'usage, sont échangées contre des timbres-poste.

TARIF des Lettres ordinaires, Lettres et Boîtes chargées et Lettres et Objets recommandés pour la France, Corse, Algérie et bureaux français en Tunisie.

Lett es ordinaires (1) (de 15 en 15 grammes).			Lettres et Boîtes chargées.		Lettres et Objets recommandés (4).	
Affran- chies.	Non affranch.	Insuffis. affranch.	Lettres (2)	Boîtes (3)	Lettres.	Autres Objets
15c	**30**c	.	1. **15** c. par 15 gr. ; 2. **25** c. droit fixe ; 3. **10** c. par 100 fr. ou fraction de 100 fr. dé- clarés.	1. **25** c. droit fixe ; 2. Taxe de 1% de la va- leur décla- rée jusqu'à 100 fr., et de **50**c par cha- que 100 fr. ou fraction de 100 f. en plus.	1. **15**c. par 15 gr. : 2. **25** c. droit fixe.	1. Taxe particu- lière à chaque ob- jet ; 2. **25** c. droit fixe.
* Les lettres insuffisamment affranchies sont taxées comme non affranchies, sauf déduction de la valeur des timbres-postes employés.						
Maximum de la déclaration.			**10,000** fr.	**10,000** fr.		
Avis de réception........			**10** centimes	**10** cent.	**10** cent.	**10** cent

(1) INTERDICTIONS. — Il est interdit d'insérer dans les lettres ordinaires des billets de banque, bons, chèques, bons de poste sans désignation de destinataire, coupons de dividende ou d'intérêts payables au porteur, des pièces de monnaie, des matières d'or et d'argent, des bijoux ou objets précieux (amende de 50 à 500 fr.).

(2) **Les lettres chargées** sont placées sous enveloppe scellée de cachets en cire fine de bonne qualité et de même couleur avec empreinte uniforme particulière à l'expéditeur. Le nombre des cachets doit être de **deux** au moins ; il peut aller jusqu'à **cinq et au delà**, si le préposé juge que la forme ou la dimension de l'enveloppe rend ce nombre nécessaire pour retenir tous les plis. Les timbres-poste apposés sur les lettres chargées doivent être espacés les uns des autres et ne peuvent être repliés sur les deux côtés de l'enveloppe.

La déclaration doit être portée d'avance sur la partie supérieure de la suscription, en toutes lettres et en francs et centimes, sans rature ni surcharge, même approuvée.

Sauf le cas de force majeure, en cas de perte d'une lettre chargée, la valeur déclarée est remboursée.

INTERDICTIONS. — Il est interdit d'insérer dans les lettres chargées des pièces de monnaie, des matières d'or et d'argent, des bijoux ou autres objets précieux (amende de 50 à 500 fr.). La déclaration d'une somme supérieure au montant des valeurs réellement insérées dans la lettre, entraîne un emprisonnement de 1 mois à 1 an et une amende de 16 à 500 fr.

(3) **Les boîtes chargées** contenant des bijoux ou objets précieux sont déposées à la poste closes d'avance ; leurs parois doivent avoir une épaisseur d'au moins 8 m/m et leurs dimensions ne peuvent excéder 5 c/m de hauteur, 8 c/m de largeur et 10 c/m de longueur. Le poids n'est pas limité. — **Conditionnement** : 1° Feuille de papier blanc dessus et dessous y adhérant fortement ; 2° croisé de ficelle ; 3° cachets en cire fine avec empreinte uniforme particulière à l'expéditeur sur les quatre faces latérales ; 4° nœud de la ficelle pris sous un des cachets ; 5° montant de la déclaration, qui doit être de 50 fr. au moins, porté d'avance sur l'adresse en toutes lettres et en francs et centimes, sans rature ni surchage, même approuvée.

Sauf le cas de force majeure, en cas de perte d'une boîte chargée, la valeur déclarée est remboursée.

INTERDICTIONS. — Il est interdit d'insérer dans les boîtes chargées : 1° des billets de banque, des monnaies françaises et étrangères (amende de 50 à 500 fr.) ; 2° des lettres (amende de 150 a 300 fr.).

(4) **Recommandations.** — Le public est admis à recommander tous les objets rentrant dans le monopole de la poste, ou dont le transport peut lui être confié en vertu des lois en vigueur.

Les lettres et autres objets recommandés ne sont soumis à aucune condition spéciale de fermeture ou de forme. Ils peuvent être conditionnés de la même manière que les correspondances non recommandées de la catégorie à laquelle ils appartiennent.

Ces objets sont déposés aux guichets des bureaux de poste. L'Administration en est dechargée, en ce qui concerne les lettres, par leur remise contre reçu au destinataire ou à son fondé de pouvoirs ; en ce qui concerne les autres objets, par leur remise contre reçu soit au destinaire, soit à une personne attachée au service du destinataire ou demeurant avec lui.

Il est permis d'insérer des valeurs payables au porteur dans les lettres recommandées, sans en faire la déclaration.

L'Administration des postes n'est tenue à aucune indemnité soit pour détérioration, soit pour spoliation des objets recommandés. La perte, sauf le cas de force majeure, donne seule droit, au profit du destinataire, à une indemnité de 25 fr.

INTERDICTIONS. — Il est défendu : 1° d'insérer dans les lettres et autres objets recommandés des pièces de monnaie, des matières d'or et d'argent, des bijoux ou autres objets précieux ; 2° d'insérer dans les objets recommandés, affranchis à prix réduit, des billets de banque ou des valeurs payables au porteur.

Lettre de et pour les armées.

Les lettres adressées de la France ou de l'Algérie aux MILITAIRES ET MARINS DE TOUS GRADES, soit dans les colonies, soit à bord des bâti-

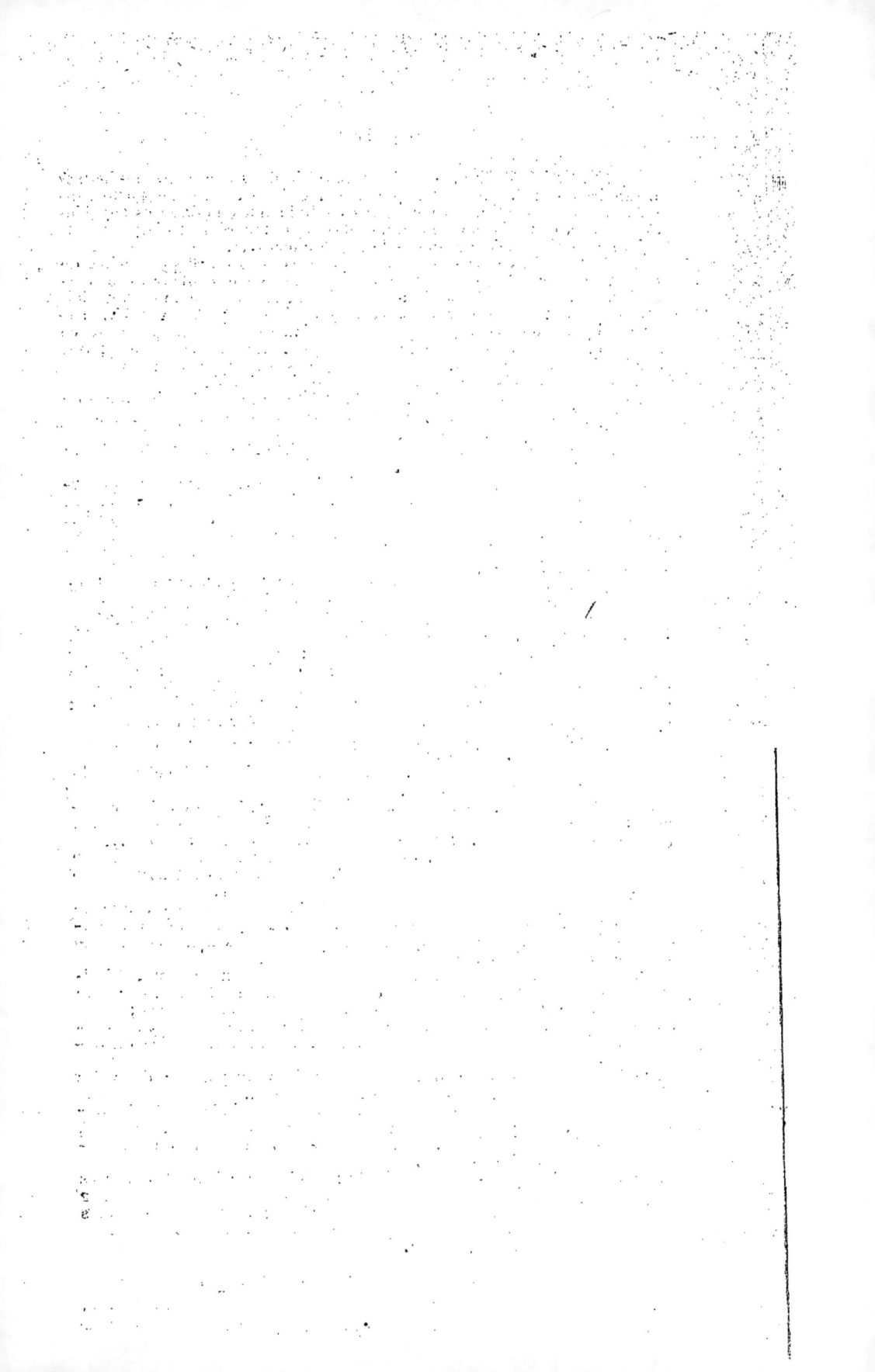

ments de l'Etat stationnant dans les ports étrangers, et réciproquement, ne supportent que la taxe territoriale.

TARIF des Objets expédiés à prix réduits

1° Journaux et Ouvrages périodiques paraissant au moins une fois par trimestre. (Maximum du poids : 3 kilos.)

Expédiés hors du département où est le lieu de publication ou hors des départements limitrophes.	Publiés et expédiés dans le département où est le lieu de publication ou dans les départements limitrophes.	Publiés et expédiés dans les départements de la Seine ou de Seine-et-Oise.
Prix par exemplaire : **2 cent.** jusqu'à 25 gr. avec augmentation de **1 cent.** par 25 gr. ou fraction de 25.	**Prix** par exemplaire : **1 cent.** jusqu'à 50 gr. Au-dessus de 50 gr., la taxe est de 1/2 cent. par 25 gr. au fraction de 25 gr.	**Prix** par exemplaire : **1 cent.** jusqu'à 25 gr. avec augmentation de 1/2 cent. par 25 gr. ou fraction de 25 gr.

2° Imprimés de toute nature.

Sous bandes mobiles couvrant au plus le tiers de la surface du paquet.	Sous forme de lettre ouverte ou sous enveloppe ouverte et cartes circulaires sans bandes.
Prix par paquet : **1 cent.** par 5 gr. jusqu'à 20 gr.; **5 cent.** au-dessus de 20 gr. jusqu'à 50 gr.; au-dessus de 50 gr., **5 cent.** par 50 gr. ou fraction de 50 gr.	**Prix** par paquet portant une adresse particulière : **5 cent.** par 50 gr. ou fraction de 50 gr.

Maximum } du poids............ 3 kilos.
{ de la dimension..... 45 centimètres.

3° Échantillons avec ou sans Imprimés. — Épreuves d'imprimerie corrigées. — Papiers de commerce ou d'affaires.

Prix par paquet portant une adresse particulière........ { **5 cent.** par 50 gr. ou fraction de 50 gr.

Maximum du poids........ { des échantillons......... 350 gr.
des papiers d'affaires, etc. 3 kilos.

Maximum de la dimension. } des échantillons ordinaires 30 c/m.
des échantillons sur cartes et des papiers d'affaires, etc............... 45 c/m.

Non-affranchissement ou insuffisance d'affranchissement

Lorsqu'ils n'ont pas été affranchis, les objets affranchis à prix réduits sont taxés comme lettres ; si l'affranchissement est insuffisant, ils sont frappés en sus d'une taxe égale au triple de l'insuffisance.

INTERDICTIONS. — Les objets affranchis à prix réduit ne doivent contenir ni or, ni argent, ni notes manuscrites ayant le caractère de correspondance personnelle.

Additions autorisées moyennant un port supplémentaire de 10 cent. : Il est permis de porter des notes manuscrites ayant le caractère de correspondance personnelle (A l'exclusion de toutes notes détachées) sur les livres, brochures, photographies, gravures, papiers de musique, papiers d'affaires, épreuves d'imprimerie corrigées, échantillons, ainsi que l'offre ou l'hommage autres que de l'auteur.

Sont en outre autorisées, sans aucun complément de taxe, les additions suivantes :

1° Sur les journaux : 1° Traits destinés à marquer les passages

sur lesquels on veut attirer l'attention ; 2º réflexions ou critiques écrites à la main, concernant l'article en regard et dépourvues de tout caractère de correspondance personnelle ; 3º chiffres ou mots écrits à la main et dépourvus de tout caractère de correspondance personnelle complétant des journaux dont une partie du texte, consacrée à des prix courants ou à des cours de vente, est laissée en blanc ; — **2º Sur certains imprimés et sur les circulaires :** Chiffres ou mots reproduits sur tous les exemplaires et n'ayant aucun caractère de correspondance personnelle. — **3º Sur les prix courants et mercuriales :** Chiffres destinés à indiquer le prix, ainsi que les mentions : franco de port, en port dû, escompte... %, remises..., ou expressions équivalentes. — **4º Sur les livres, brochures et en général toutes les productions littéraires ou artistiques :** Dédicaces manuscrites consistant en un simple hommage de l'auteur. — **5º Sur lettres de faire part et de convocation :** Les noms, prénoms, qualité ou profession et âge du défunt, la date du décès. le jour, l'heure et le lieu de la réunion. — **6º Sur les imprimés de convocation à une réunion :** Les indications relatives au jour, à l'heure et à l'objet de la réunion. — **7º Sur les avis de passage d'un voyageur :** Nom du voyageur, localités qu'il doit visiter, dates et endroits qu'il doit visiter, dates et endroits où il descend. — **8º Sur les formules imprimées annonçant la mise en adjudication de fourniture :** Date de l'adjudication, désignation des fournitures, délais pour le rabais, chiffre du cautionnement. — **9º Sur les formules imprimées pour annoncer les arrivées ou les départs des navires :** Nom du bâtiment, date de l'arrivée ou du départ et la nature du chargement. — **10º Sur les catalogues, prix courants et mercuriales de marchés imprimés :** Indication du poids, mesures ou quantités, et des indications d'articles ou objets autres que ceux énumérés dans le texte imprimé des formules. — **11º Sur les cartes de visite :** La mention « P. P. C. ». — **12º Sur les échantillons :** L'indication du nom ou de la raison sociale de l'envoyeur, son adresse, des numéros d'ordre et des prix, ainsi que toutes les indications imprimées ou même manuscrites y relatives et n'ayant aucun caractère de correspondance personnelle. — **13º Sur les épreuves d'imprimerie corrigées :** Les mots « bon à tirer, bon à tirer après correction » ou encore « fournir une nouvelle épreuve. »

ÉTRANGER. — Tarifs des Correspondances à destination des Pays compris dans l'*Union postale universelle.*

Lettres ordinaires........	25 centimes par 15 gr.
Cartes postales simples..	10 centimes
Cartes avec réponse payée	20 centimes.
Papiers d'affaires	25 cent. juqu'à 250 gr.; au-dessus de 250 gr. 5 cent. par 50 gr. ou fraction de 50 gr.
Échantillons..............	10 cent. jusqu'à 100 gr.; au-dessus de 100 gr. 5 cent. par 50 gr. ou fraction de 50 gr.
Journaux et autres Imprimés	5 centimes par 50 grammes.
Correspondances de toute nature recommandées..	Droit fixe de 25 centimes en sus de la taxe applicable à un objet affranchi de même nature et du même poids.

Avis de réception des Objets recommandés... Droit fixe de **10** centimes.

ARTICLES D'ARGENT

Mandats ordinaires. — Le service des articles d'argent est fait moyennant un droit de **1** fr. p. 0/0 de la somme versée. — Le versement de sommes à titre d'articles d'argent est illimité. — Les mandats

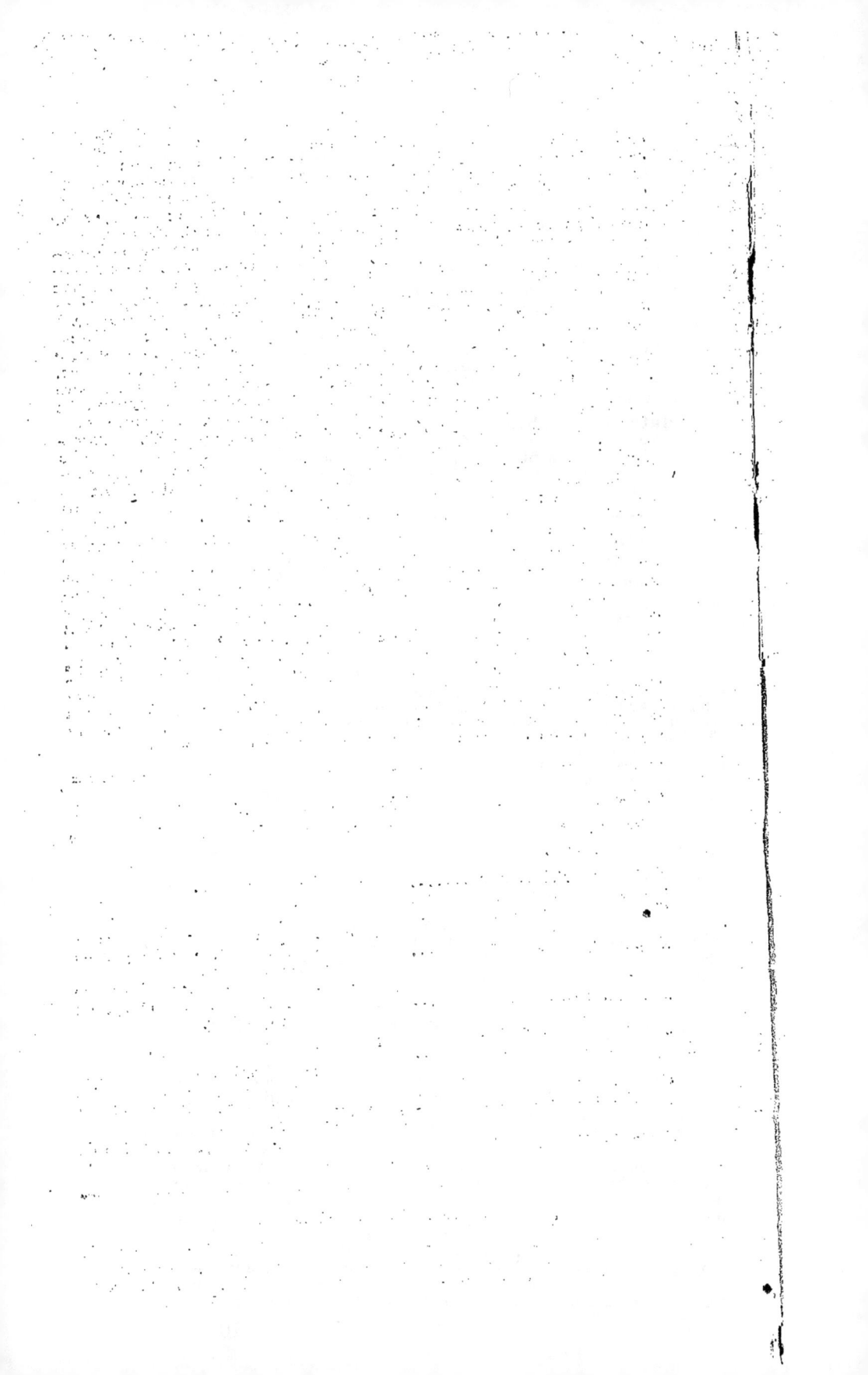

de **300 fr.** et au-dessous sont payables à vue. — L'Administration se réserve un délai de 8 jours pour payer les mandats ordinaires ou mandats-cartes au-dessus de **300 fr.**

Mandats-cartes. — Les mandats-cartes ou mandats à découvert, admis seulement pour les envois d'argent à l'intérieur de la France et de l'Algérie, sont libellés à l'avance par l'envoyeur. Ces mandats ne doivent contenir aucune annotation tenant lieu de correspondance.

Bons de poste de sommes fixes. — Tous les bureaux de poste délivrent des bons de **1 fr.** (droit **5 c.**), **2 fr.** (droit **5 c.**), **5 fr.** (droit **5 c.**), **10 fr.** (droit **10 c.**), **20 fr.** (droit **20 c.**).

Avis de payement. — L'expéditeur d'un mandat ordinaire, d'un mandat-carte ou d'un bon de poste, peut demander, au moment du dépôt des fonds, qu'il lui soit donné avis de la date du payement moyennant un droit fixe de **10 c.**

Mandats télégraphiques. — Montant maximum : **5,000 fr.** — Taxes à percevoir : 1° droit de **1** p. 0/0 ; 2° taxe télégraphique ordinaire ; 3° droit fixe de **50 c.** pour l'avis à remettre au destinataire ; 4° frais accessoires de la taxe télégraphique pour la remise à domicile, s'il y a lieu.

Mandats étrangers.	MAXIMUM.	A payer par l'expéd
Bureaux français admis à l'étranger..........	(1)	**1** fr. p. 0/0.
Colonies françaises......................	**500 fr.** »	**1** fr. p. 0/0 avec minimum de **25 c.**
Japon........................	**250** »	**10 c.** par 10 fr. ou fraction de 10 fr.
Grande-Bretagne...............	**253** »	
Canada.....................	**262 50**	
Inde britannique...............	**500** »	
Perse.......................	**500** »	**20 c.** par 10 fr. ou fraction de 10 fr.
Allemagne (y compris Héligoland) **T**, Autriche-Hongrie **T**, Belgique **T**, Bulgarie, Danemark (y compris l'Islande et les îles Feroë) **T**, Italie **T**, Luxembourg **T**, Norwège **T**, Roumanie, Suède et Suisse **T**........	**500** »	**25 c.** par 25 fr. ou fraction de 25 fr.
Antilles danoises, Pays-Bas **T** et Portugal **T**...	**504** »	
Égypte (office égyptien) **T**.............	**513** »	
Indes orientales néerlandaises.............	**313** »	**20 c.** par 10 fr. ou fraction de 10 fr.
Etats-Unis de l'Amérique du Nord..........	**262 50**	**15 c.** par 10 fr.

Les **Mandats télégraphiques** sont admis pour les pays dont le nom est suivi de la lettre **T**.

(1) **500 fr.** pour les mandats à destination d'Alexandrie, Beyrouth, Constantinople, Salonique, Smyrne et Shang-Haï, et **50 fr.** pour ceux adressés à Port-Saïd, Suez, Jaffa, Mersina, Rhodes, Tripoli de Syrie, Tanger et Tripoli de Barbarie.

Caisse nationale d'épargne (Loi du 9 avril 1881).

Tous les bureaux de poste de France, d'Algérie et de Tunisie, sont ouverts au service de la caisse nationale d'épargne. Le service de cette caisse fonctionne également à bord de chacun des bâtiments de l'Etat et aux bureaux français d'Alexandrie et de Port-Saïd (Egypte). Cette caisse, placée sous la garantie de l'Etat, donne à toute personne la faculté de placer le produit de ses économies dans des conditions de sécurité absolue. — Minimum de chaque versement : **1 fr.** — Le compte de chaque personne ne peut dépasser **2,000 fr.** — Les sommes déposées produisent un intérêt annuel de **3** p. 0/0. Cet intérêt part du 1er ou du 16 de chaque mois qui suit le jour du versement. — Après le premier versement, il est remis gratuitement à l'intéressé un LIVRET NATIONAL. — Les VERSEMENTS ULTÉRIEURS sont constatés au moyen de timbres-épargne ; les livrets sont rendus aux déposants séance tenante. — Les agents des postes sont tenus de donner au public tous les renseignements sur le service de cette caisse.

Recouvrement des effets de commerce.

La poste se charge du recouvrement des effets de commerce, protestables ou non, dont la valeur ne dépasse pas 2,000 fr. Un droit fixe de **25** c. est perçu pour l'envoi, quel qu'en soit le nombre, des valeurs à recouvrer au bureau dans l'arrondissement postal duquel résident les destinataires. Ces valeurs, placées dans des enveloppes fournies gratuitement par l'Administration, sont déposées aux guichets des bureaux pour être soumises à la formalité de la recommandation. — Sur le montant de **chaque valeur recouvrée**, qui est expédié par mandat poste, il est prélevé : 1º **10** c. par 20 fr. ou fraction de 20 fr., sans que ce prélèvement puisse jamais dépasser **50** c.; 2º **1** p. 0/0 sur les premiers 50 fr. et **1/2** p. 0/0 pour toute fraction excédant 50 fr. — Les valeurs protestables pour la France et l'Algérie sont admises au recouvrement.

La poste se charge également du recouvrement des valeurs de toute nature dans les pays étrangers suivants : Allemagne, Autriche-Hongrie, Belgique, Egypte, Italie, Luxembourg, Pays-Bas, Portugal, Roumanie, Suède et Suisse. — Les valeurs protestables ne sont admises au recouvrement par la poste que dans les rapports avec l'Allemagne, la Belgique, le Luxembourg et la Suisse.

Abonnement aux Journaux et Publications périodiques.

Des abonnements aux journaux et publications périodiques sont reçus moyennant un droit de **1** p. 0/0, prélevé sur le prix de l'abonnement, plus un droit fixe de **10** centimes.

Tous les bureaux de poste reçoivent également des abonnements aux journaux publiés dans les pays suivants : Belgique, Danemark, Italie, Norwège, Pays-Bas, Portugal, Suède et Suisse, moyennant un droit de commission de **3** p. 0/0 avec minimum de **25** c. pour les sept premiers pays et de **50** c. pour la Suisse.

Colis postaux.

Le public est admis à expédier de toutes les gares ou agences et des bureaux succursales des chemins de fer des colis postaux circulant en France (Corse, Algérie et Tunisie comprises) et entre la France et les pays suivants : Allemagne, République Argentine, Autriche-Hongrie, Belgique, Brésil, Bulgarie, Chili, Danemark, Antilles Danoises, République Dominicaine, Egypte, Espagne, Colonies Françaises, Grèce, Italie, Luxembourg, Monténégro, Paraguay, Pays-Bas, Perse, Portugal, Colonies Portugaises, Roumanie, Serbie, Suède, Norwège, Suisse, Tripoli de Barbarie, Turquie, Uruguay et Vénézuéla.

L'affranchissement obligatoire au départ est fixé à **60** ou **85** cent. pour la France, suivant que le colis est livrable en gare ou à domicile.

L'expéditeur d'un colis postal peut obtenir un **avis de réception** de cet envoi en payant d'avance un droit fixe de **25** centimes.

Vue de l'Opéra.

THÉATRES

THÉATRE DE L'OPÉRA. — Place du Nouvel-Opéra.

PRIX DES PLACES :	Au Bureau	En Location
Stalles de parterre.	7 »	9 »
Fauteuils. Orchestre.	14 »	16 »
— Amphithéâtre	15 »	17 »
Baignoires. Avant-scène.	15 »	17 »
— De côté	14 »	16 »
Premières. Avant-scène.	17 »	19 »
— Entre-colonnes.	17 »	19 »
— Loges de face.	17 »	19 »
— — de côté.	15 »	17 »
Deuxièmes. Avant-scène.	14 »	16 »
— Entre-colonnes	14 »	16 »
— Loges de face	11 »	16 »
— — de côté	10 »	12 »
Troisièmes. Avant-scène	5 »	7 »
— Loges de face.	8 »	10 »
— Entre-colonnes	8 »	10 »
— De côté.	5 »	7 »
Quatrièmes. Loges de face.	3 »	5 »
— Avant-scène.	2 »	3 »
— Loges de côté	2 »	3 »
— Fauteuils d'amphithéâtre.	4 »	5 »
— Amphithéâtre de face. . .	2 50	3 »
— — de côté. . .	2 »	2 50
Cinquièmes. Loges.	2 »	3 »

Les dames ne sont pas admises à l'orchestre aux représentations qui ont lieu les lundi, mercredi et vendredi de chaque semaine. — En hiver, des représentations supplémentaires ont lieu le samedi ou le dimanche ; à ces représentations, les dames sont admises à l'orchestre.
Représentations populaires à prix réduits. — Bureau de location ouvert de 10 heures à 5 heures.

THÉÂTRE-FRANÇAIS

RUE DE RICHELIEU
1,400 Places

Tableau du prix des places.

	Bureau fr. c.	Location fr. c.
1er BUREAU		
Avant-scènes des 1res loges....	10 »	12 50
Loges du rez-de-chaussée (nos 1, 2, 3, 4)....		
1res Loges et avant-scènes des 2es....	8 »	10 »
Baignoires de côté....	8 »	10 »
Baignoires de face....	8 »	10 »
Fauteuils du 3e rang....	8 »	10 »
Fauteuils de la 2e galerie....		
Loges de face (2e rang)....	6 »	8 »
Loges découvertes (2e rang)....	5 »	7 »
Loges de côté (2e rang)....	4 »	6 »
Loges de face (fermées) du 3e rang (nos 79, 80)....	3 50	5 »
Fauteuils de balcon....	7 »	9 »
Fauteuils d'orchestre....	6 »	8 »
Avant-scènes et Loges découvertes du 3e galerie....	3 »	4 50
2e BUREAU		
Fauteuils de la 2e galerie....	3 »	4 »
Parterre....	2 50	»
Troisième galerie....	2 »	3 »
Loges de face (4e rang)....	2 »	3 »
Loges de côté (4e rang)....	1 50	2 50
Amphithéâtre....	1 »	»

Bureau de location ouvert de 11 heures du matin à 6 heures du soir.

Les loges du 2e et du 3e rang (découvertes) peuvent se fractionner par coupon de deux places, dont une sur le devant. — Les enfants payent place entière. — L'orchestre est entièrement réservé aux hommes.

THÉÂTRE DE L'OPÉRA-COMIQUE

PLACE FAVART
1,600 Places

Tableau du prix des places.

	Au bureau fr. c.	En location fr. c.
1er BUREAU		
Avant-scènes de balcon et du rez-de-chaussée....	10 »	15 »
Avant-scènes des premières....	8 »	10 »
Premières loges....	8 »	10 »
Fauteuils de balcon et de 1er gal....	8 »	10 »
Fauteuils d'orchestre....	8 »	10 »
Baignoires....	8 »	10 »
Deuxièmes loges de face....	6 »	8 »
Avant-scènes des 2e loges....	6 »	8 »
Deuxièmes loges de côté....	5 »	6 »
2e BUREAU		
Stalles d'orchestre....	4 »	6 »
Deuxième galerie (3e étage)....	4 »	5 »
Avant-scènes de la 2e galerie)....	3 »	4 »
Parterre....	2 50	3 »
Troisièmes loges de face (4e étage)....	2 »	3 »
Troisièmes loges de côté (4e étage)....	1 50	2 50
Quatrièmes loges....	1 50	2 »
Amphithéâtre....	1 »	»

Pour toutes les locations faites par abonnement et pour une durée plus ou moins longue, on traite de gré à gré avec l'Administration du théâtre.

Les dames ne sont pas admises à l'orchestre. — Les loges se louent entières. — Bureau de location ouvert de 10 heures du matin à 6 heures du soir. — Abonnements pour les loges, les fauteuils et les entrées.

THÉÂTRE DE L'ODÉON

PLACE DE L'ODÉON
1,487 Places

Tableau du prix des places.

	Au bureau fr. c.	En location fr. c.
1er BUREAU		
Avant-scènes des 1res à salon....	12 »	14 »
Avant-scènes du rez-de-chaussée....	12 »	14 »
Baignoires d'avant-scène....	10 »	12 »
Premières loges de face....	8 »	10 »
Fauteuils d'orchestre....	6 »	8 »
Premières loges de côté....	5 »	7 »
Baignoires....	5 »	6 »
Avant-scènes de la deuxième galerie....	4 »	6 »
Stalles de la deuxième galerie....	3 50	5 »
Avant-scènes loges de côté....	2 50	4 »
Deuxièmes loges de face....	3 »	4 »
2e BUREAU		
Deuxièmes loges de côté....	1 50	2 »
Parterre....	2 50	3 »
Deuxième balcon....	1 50	2 »
Troisième galerie....	1 »	1 50
Avant-scènes des troisièmes....	1 »	1 50
Amphithéâtre des quatrièmes....	» 50	» 50

L'année théâtrale commence au mois de septembre et finit à la fin de mai. — Les enfants payent place entière. — Les dames sont admises à toutes les places, excepté au parterre. — Bureau de location ouvert de 11 heures du matin à 6 heures du soir.

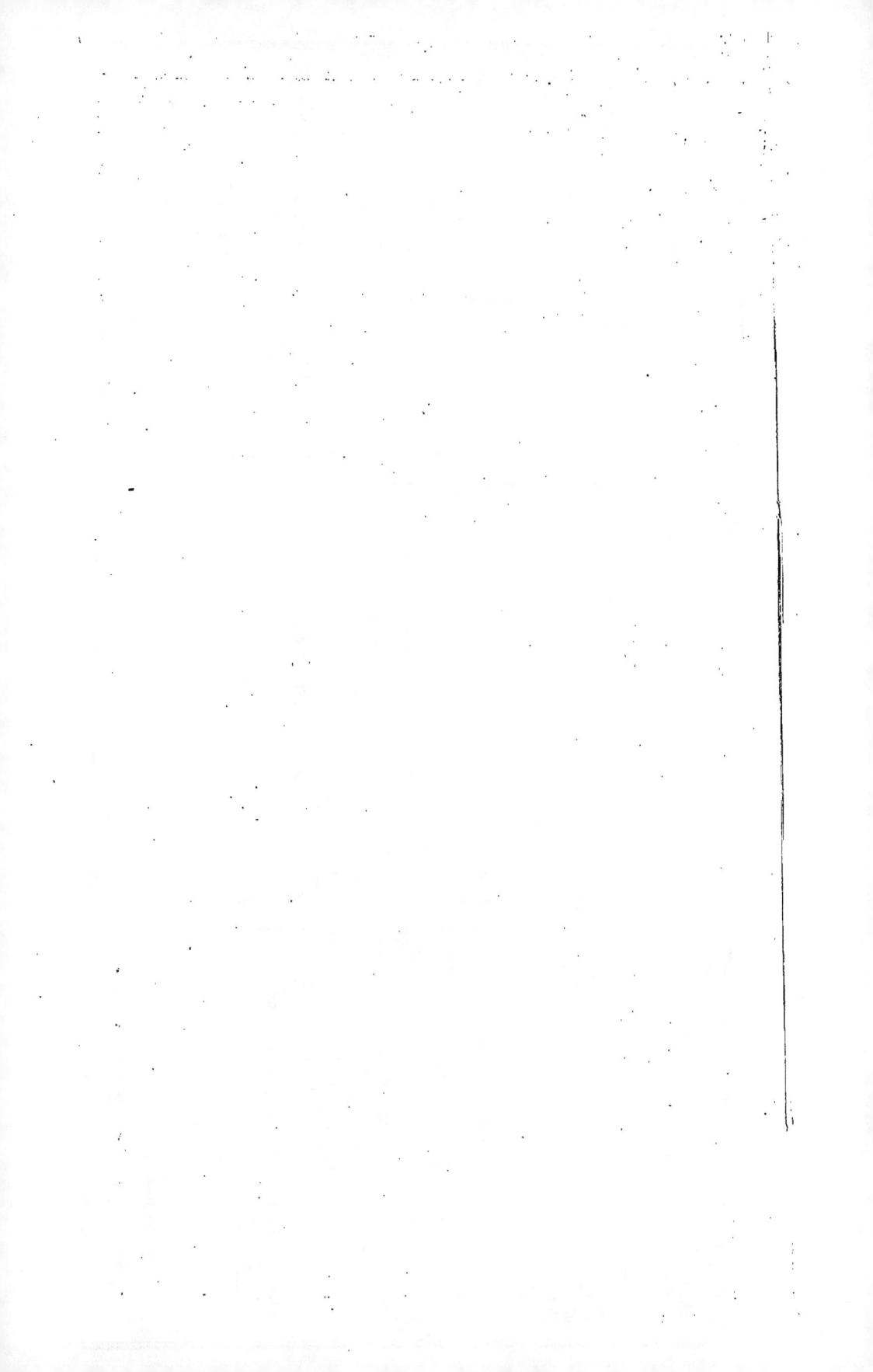

THÉÂTRE DE LA GAITÉ

SQUARE DES ARTS-ET-MÉTIERS, BOUL. SÉBASTOPOL

2,000 Places

Tableau du prix des places.

1er BUREAU

	Au bureau	En location
	fr. c.	fr. c.
Avant-scènes du rez-de-chaussée	10 »	15 »
Avant-scènes des premières....	10 »	12 »
Loges de la première galerie....	8 »	10 »
Loges de la deuxième galerie...	4 »	5 »
Fauteuils d'orchestre........	6 »	8 »
Fauteuils de la première galerie	6 »	8 »
Baignoires d'avant-scène.......	8 »	10 »
Baignoires..............	6 »	8 »

2e BUREAU

	Au bureau	En location
	fr. c.	fr. c.
Stalles d'orchestre..........	4 »	5 »
Avant-scènes des deuxièmes...	3 »	5 »
Stalles de la 3e galerie de face.	2 50	3 50
Stalles de la 3e galerie de côté.	2 »	3 50
Quatrième galerie...........	1 »	» »
Amphithéâtre de la 3e galerie..	1 50	» »

Bureau de location ouvert de 11 heures du matin
à 7 heures du soir.

Les enfants payent place entière.

Les dames sont admises à toutes les places.

THÉÂTRE DU VAUDEVILLE

RUE DE LA CHAUSSÉE-D'ANTIN

1,300 Places

Tableau du prix des places.

1er BUREAU

	Au bureau	En location
	fr. c.	fr. c.
Avant-scènes du rez-de-chaussée	50 »	60 »
Avant-scènes des premières.....	50 »	60 »
Prem. loges de face et de côté.	8 »	10 »
Baignoires de face et de côté...	7 »	9 »
Fauteuils d'orchestre........	8 »	10 »
Fauteuils de balcon (1er rang)	8 »	10 »
Fauteuils de balcon (2e rang).	8 »	9 »
Fauteuils de foyer..........	5 »	6 »
Loges du foyer de face.......	5 »	6 »

2e BUREAU

	Au bureau	En location
	fr. c.	fr. c.
Loges de côté du 2e étage.....	4 »	6 »
Avant-scènes des secondes.....	4 »	4 »
Troisièmes loges de face......	3 »	4 »
Avant-scènes des secondes.....	3 »	4 »
Stalles de la 3e galerie de face	1 50	1 50
Stalles de la 3e galerie de côté.	1 50	1 50
Avant-scènes des troisièmes...	3 »	» »
Loges des quatrièmes........	1 »	2 »
Quatrième galerie...........	1 »	» »

Bureau de location ouvert de 11 heures du matin
à 6 heures du soir.

Les enfants payent place entière.

Les dames sont admises à l'orchestre.

THÉÂTRE DU GYMNASE

BOULEVARD BONNE-NOUVELLE

1,071 Places

Tableau du prix des places.

1er BUREAU

	Au bureau	En location
	fr. c.	fr. c.
Avant-scènes du rez-de-chaussée	12 »	15 »
Avant-scènes du balcon........	12 »	15 »
Avant-scènes foyer...........	5 »	7 »
Loges de balcon.............	8 »	10 »
Baignoires.................	8 »	8 »
Fauteuils d'orchestre........	8 »	9 »
Fauteuils de balcon..........	8 »	10 »
Fauteuils de foyer...........	5 »	6 »
Loges de foyer..............	5 »	5 »

2e BUREAU

	Au bureau	En location
	fr. c.	fr. c.
Stalles de la deuxième galerie..	2 50	3 »
Loges de la deuxième galerie...	2 50	3 »
Avant-scènes de la 2e galerie..	1 »	2 50
Avant-scènes de la 4e galerie.	1 50	1 50
Stalles de la troisième galerie.	1 50	2 »
Quatrième loges............	1 »	1 50

Les enfants payent place entière.

Les dames sont admises aux fauteuils d'orchestre.

Bureau de location ouvert de 11 heures du matin
jusqu'à 6 heures du soir.

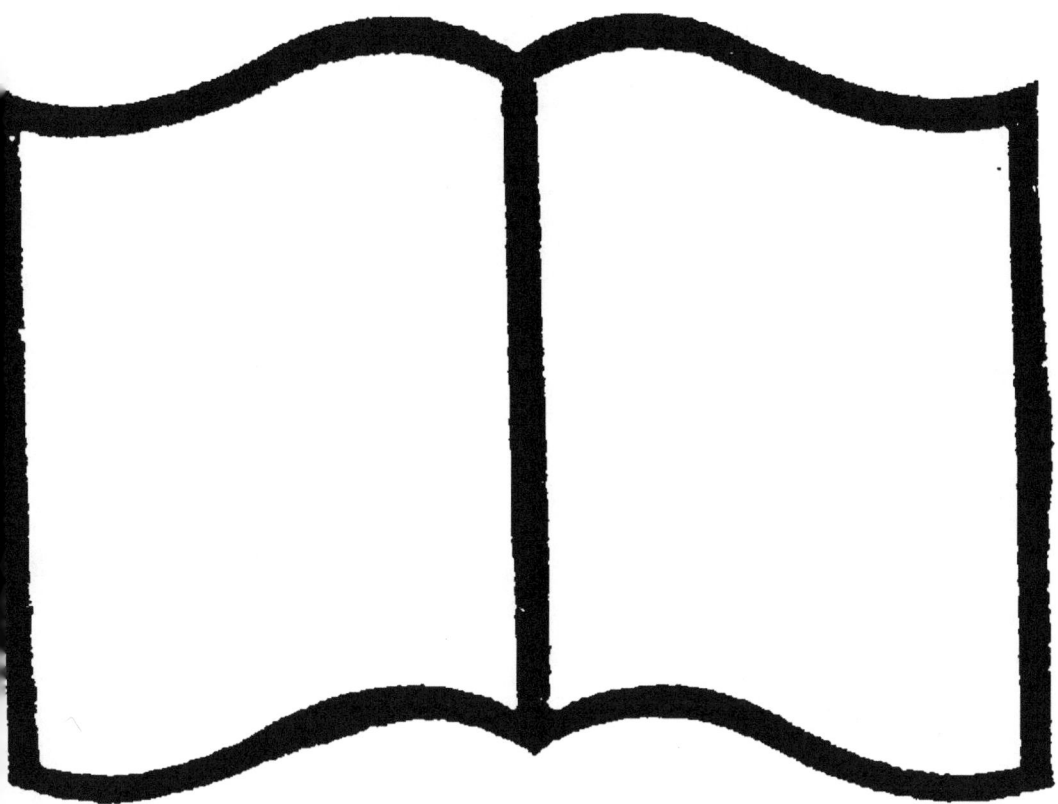

PAGES VIERGES
ABSENCE DE TEXTE
DOCUMENT NON REPRODUIT

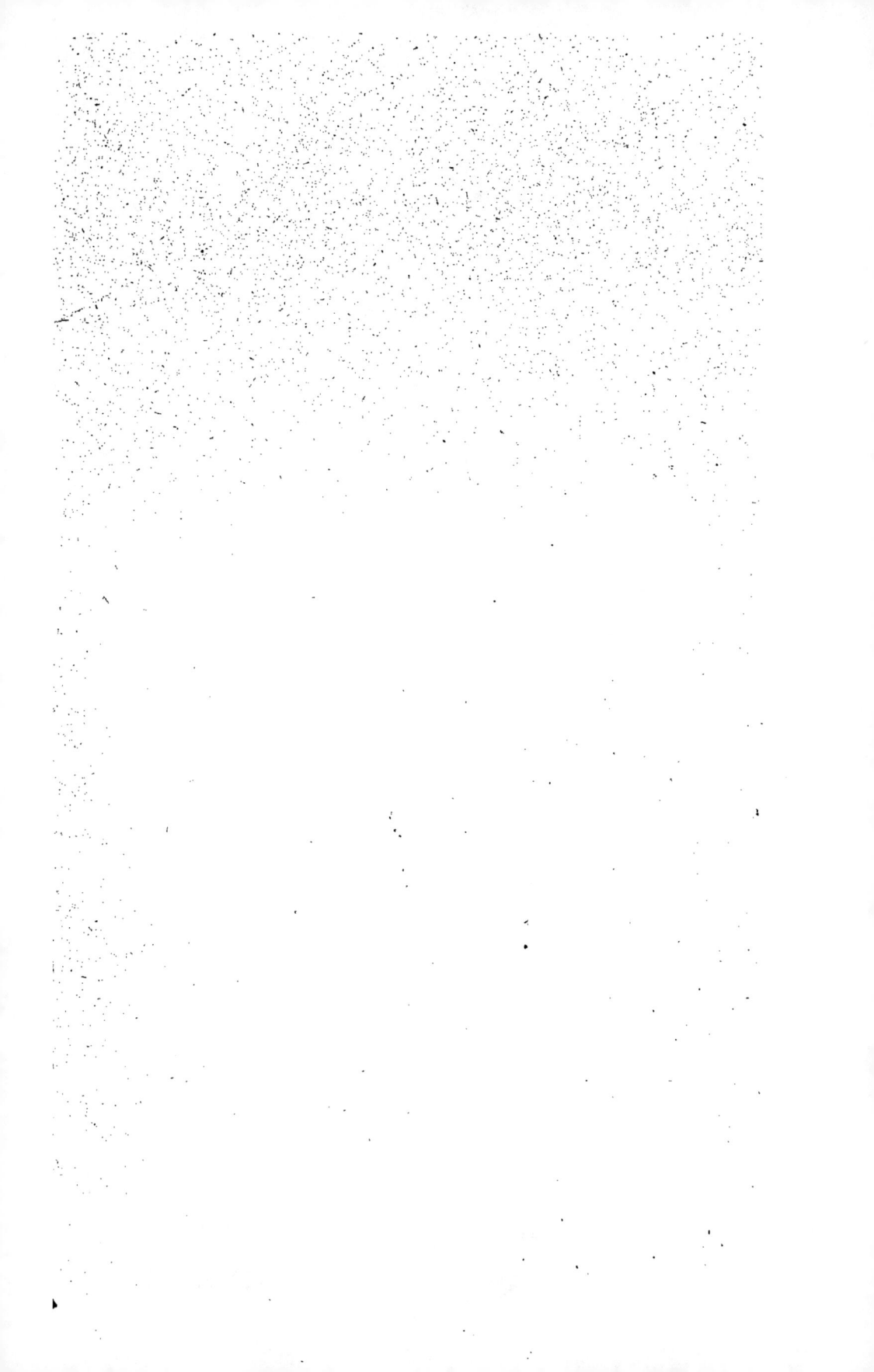

Paraissant tous les trois mois.

N° 1

Premier Trimestre

Imprimerie A. Clavel

9, Cité d'Hauteville-PARIS

www.ingramcontent.com/pod-product-compliance
Lightning Source LLC
Chambersburg PA
CBHW050015100426
42739CB00011B/2649